Ting at undres over

Om altings forudsætninger

af Eskild Rasmussen

"Ting at undres over" er udgivet i 2018 af Skye-Service.

© Eskild Rasmussen

Forsiden er et glansbillede.

ISBN 978-87-92349-09-5

CONTENT

1.	FORORD	5
2.	YOU WILL NEVER WALK ALONE!	7
3.	ØDIPUS-KOMPLEKSET	14
4.	DEN LILLE FORSKEL	19
5.	OM MIDDELALDERENS MAGTFULDE KVINDER	24
6.	EN DISKUSSION OM LIDELSENS PROBLEM	29
7.	OM SPIRITUALITETENS BETYDNING	34
8.	OM BALANCEN MELLEM SPIRITUALITET OG MATERIALISME	42
9.	OM AT GØRE OPRØR OG SKABE FORANDRING	48
10.	OM VERDENS BEDRAG	52
11.	DET KVINDELIGE	60
12.	EN SKØR, SKØR VERDEN	68
13.	OM OPBRUD OG FORNYELSE	78
14.	OM AT SKABE FREMGANG OG SUCCÉS	83

15.	APPENDIKS I	92
16.	APPENDIKS II	96
17.	APPENDIKS III	98
18.	APPENDIKS IV	102
19.	APPENDIKS V	106

1. FORORD

I virkeligheden er denne bog "bare" en manifestation af mine forsøg på at organisere og ordne min viden om åndelige fænomener.

Jeg har arbejdet og eksperimenteret med astrologi siden 1980, og på et tidspunkt gik det op for mig, at der bag alle de astrologiske teknikaliteter gemte sig et astrologisk livssyn, en slags filosofisk tilgang til livet, og at denne filosofi godt kan ses uafhængigt af den astrologi, som den på en måde danner forudsætningen for.

Her er det interessant, at den filosofi, som er en forudsætning for astrologien også er en forudsætning for kristendommen – selv om den etablerede og institutionaliserede kristendom naturligvis ikke vil vide af en sådan bagvedliggende universel filosofi. Kristendommen er som alle andre religioner proprietær: "Vi alene ejer sandheden. Alle andre religioner eller trossystemer bygger på løgne!"

Den dybere konflikt er her, at den universelle filosofi som den udtrykkes i denne bog, er matriarkalsk af natur, mens vores trosbaserede institutioner, hvad enten vi taler videnskab eller religion, fremstår som dybt patriarkalske. Det er derfor, at kirke og universiteter kan leve fint sammen på trods af dybe uenigheder – mens ingen af dem vil vide af den matriarkalske spiritualitet, som er begges forudsætning. Det er kort sagt pigerne mod drengene – ligesom i Folkeskolen.

Skriveprocessen i denne bog har været noget anderledes end i mine andre bøger, hvor jeg har arbejdet i ensomhed og meget struktureret, og hvor resultaterne har haft et "nørdet" anstrøg. I denne bog har jeg på ægte Freudiansk vis skrevet det, der faldt mig ind – kald det bare "frie associationer" – hvorpå jeg har præsenteret resultaterne for et levende publikum via de sociale medier på Internet – og ad den vej har jeg fået feedback og kontakt med et publikum. Struktureringen af stoffet har først fundet sted til allersidst. Jeg håber, at stoffet som følge af den mere kreative proces er blevet lettilgængeligt for et større publikum.

Det er også interessant, at det, der under skriveprocessen blev oplevet som spontane og usammenhængende indfald, bagefter viste sig at rumme en indre logik og sammenhæng, som desuden trak tråde tilbage til de vigtigste oplevelser i min barndom og ungdom. Når jeg har genlæst teksterne i forbindelse med korrektur-læsningen, har det også slået mig, at teksterne i denne bog er blevet så meget mere intense og koncentrerede end de andre bøger, jeg har skrevet og udgivet.

Nå, ja, og så rummer tankerne i denne bog også et oprør eller en provokation, idet jeg er træt af, at kun meget få mennesker sætter spørgsmålstegn ved den konventionelle og institutionaliserede måde at se verden på. Jeg længes oprigtigt efter en tid, hvor større befolkningsgrupper kan se verden i et mere åndeligt perspektiv uden af den grund at føle sig forlegne – eller frygte den evige fortabelse eller sociale udelukkelse, som de institutionaliserede religioner til alle tider har truet de frafaldne med.

Hvert kapitel er tilegnet en bestemt astrologisk vibration, hvilket er markeret allerførst i kapitlet med kursiv. På den måde er astrologiens 12 stjernetegn med tilhørende planeter blevet dækket – samt den mystiske Lilith, som også er kendt som "den Sorte Måne". (Hvis du vil lære mere om de enkelte stjernetegn, kan jeg anbefale "Soltegn" af Linda Goodman, men de fleste lærebøger i astrologi rummer en sektion om de 12 tegn.) Desuden har jeg tilføjet 5 appendiks-kapitler, fordi jeg under korrektur-læsningen oplevede, at der manglede mere baggrundsstof for indholdet i bogens 13 egentlige kapitler.

2. YOU WILL NEVER WALK ALONE!

Astrologisk reference: Lilith, den Sorte Måne

Daimon

De gamle grækere mente, at ethvert menneske havde en "daimon", dvs. en skytsengel. En daimon fulgte sit menneske hele livet, dens opgave var at minde mennesket om dets sande livsopgave og i det hele taget få mennesket til at præstere sit bedste, mens det levede. Et menneskes livsopgave mentes at være forskellig fra individ til individ, og gik ikke nødvendigvis ud på at tjene en masse penge eller blive populær. Som en anden drillenisse kunne en daimon spænde ben for sit menneskes bestræbelser, hvis det forsømte sin livsopgave. Til slut, når livet var forbi, ville menneskets daimon være den første, der mødte sjælen og ledsagede den hjem til dens bolig i den næste verden.

I dag har ordet "daimon" en negativ klang, fordi ordet dæmon er afledt heraf, og vi opfatter dæmoner som værende udelukkende negative. Vi kender "dæmoner" fra kristendommen, hvor de er "onde ånder", der kan "besætte" et menneske – en forestilling, der stammer fra Mesopotamien. At "dæmonisere" nogen betyder at få vedkommende til at fremstå i et så negativt lys som muligt. "Dæmonisering" forekomme typisk, når der sker ændringer i menneskets religiøse forestålese; de guder og gudinder, som indtil et bestemt tidspunkt blev holdt i ære og opfattet som gode, bliver efter dette tidspunkt opfattet som det modsatte, nemlig onde og mørke magter. Et typisk eksempel er gedebukkeguden Pan, som i oldtiden repræsenterede naturen i dens reneste form. Efter kristendommen blev Pan til Djævlen selv – begge er udstyret med gedebukkehoved og -ben. Noget lignende overgik de katolske helgener under reformationen.

Men i sig selv betyder ordet "daimon" bare "ånd". Det latinske ord for daimon er "genius", hvoraf vi har afledt ordet "geni", der ikke bærer på nogen negativ ladning. Og når dæmonerne i Det Nye Testamentes tekster defineres som "onde ånder", må man antage, at der også findes det modsatte, nemlig "gode ånder".

Helligånden

Den største af de gode ånder i Det Nye Testamentes tekster er Helligånden, der er en universel, allestedsnærværende og intelligent kraft, ved hvis hjælp den troende er i stand til at udrette mirakler som f.eks. at oprejse folk fra dødsriget, helbrede sygdomme eller stilne en storm. Indenfor buddhisme og asiatiske filosofi kendes denne kraft som "ki".

Hvis man kradser lidt i overfladen, idet man fordyber sig i antikkens religioner, ender man med en overraskende konklusion: Helligåndens kræfter til f.eks. at stilne en storm eller helbrede blev inden kristendommens fremkomst tillagt en kvindelig gudinde, der gik under mange forskellige navne (f.eks. Astarte, Kybele, Artemis, Diana, Rhea, Lilith, Demeter, Isis, Innanna, Ishtarte, Persefone), men som grundlæggende blev opfattet som "den store moder" og Guds hustru.

Kristendommens treenighed bestående af en maskulin Gud Fader, en maskulin Gud Søn og en kønsneutral Gud Helligånd kan med andre ord stamme fra en ældre treenighed bestående af Gud Fader, Gud Moder og et barn af skiftende køn afhængigt af religionen. Her skal man huske, at skrifterne i Det Nye Testamente er affattet på græsk, hvor ordet for Helligånden er af hunkøn, mens det samme ord på latin er neutrum. Skiftet kan mao. være sket i overgangen fra græsk til latin. Den første kristne, der brugte ordet "treenighed", var Tertullian, der levede 155-240 efter vor tidsregning og affattede sine skrifter på netop latin.

Markusevangeliet, som antages at være det ældste af de 4 evangelier i Det Nye Testamente, rummer et interessant citat om Helligånden. Det er Jesus, som i vrede udbryder:

"'Sandelig siger jeg jer: Alt skal tilgives menneskenes børn, forsyndelser og bespottelser, hvor meget de end spotter. Men den, der spotter Helligånden, får aldrig i evighed tilgivelse, men er skyldig i en evig synd.' De havde jo sagt: 'Han er besat af en uren ånd.'" (Mark. 3,28-30)

Det er stærke ord og radikaliteten i udsagnet kan hænge sammen med, at den, der her forsvares, Helligånden, blev opfattet som en kvinde. Mænd kan være farlige nok, når de drager i krig og kæmper for egen vinding, men der kommer altid en ekstra radikal dimension med i vreden, når der er en kvinde med i billedet, hvad enten det er mandens moder eller (potentielle) partner.

Netop fordi ordene i bibel-citatet er så stærke, kan de misbruges, hvilket er årsagen til, at jeg har tilføjet et Appendiks V, hvor der sættes spørgsmålstegn ved den endegyldige autoritet i kristendommens kildetekster. Hvis du føler angst for uforvarende at have krænket Helligånden, vil jeg anbefale dig straks at læse Appendiks V.

Ærkeengle

I Det Nye Testamente i Biblen dukker daimoner af og til op i form af ærkeengle, f.eks. Gabriel, som fortalte Maria, at hun skulle føde Jesusbarnet. Her er det interessant, at den katolske kirkes 7 ærkeengle modsvarer antikke guddomme, som igen har paralleller til den antikke astrologis 7 planeter:

Ærkeengel	Græsk guddom	Astrologisk planet
Michael	Apollon	Solen
Gabriel	Selene	Månen
Rafael	Hermes	Merkur
Uriel	Afrodite	Venus
Raguel	Ares	Mars
Sariel	Zeus	Jupiter
Remiel	Kronos	Saturn

Religioner er fulde af den slags paradokser: På den ene side må man indenfor kristendommen ikke dyrke afguder – på den anden side eksisterer og dyrkes de selvsamme afguder i form af ærkeengle indenfor katolsk kristendom! Men uanset om man kalder dem ærkeengle eller guddomme, så kommer deres kraft nok af, at de er det, som Gustaf Jung kaldte arketyper, dvs. almenmenneskelige og eviggyldige mønstre på bunden af vores sjæle. Et eksempel på en arketype kan f.eks. være "faderen", "moderen" eller "barnet" – som tilsammen danner en hellig treeninghed. NB! At kalde en ærkeengel for en arketype er ikke en reduktion af dens magt – tværtimod!

Hvordan kan jeg nu vide, at disse korrespondancer mellem ærkeengle, guderne i den græske mytologi og de astrologiske planeter eksisterer? Forbindelsen mellem græske guddomme og astrologiske planeter er alment kendt og accepteret. Og hvis man nærstuderer beskrivelser af ærkeenglene og deres ansvarsområder (f.eks. i bogen "Spørg dine guider" af Sonia Choquette fra 2006), er forbindelsen til de astrologiske planeter tydelig:

- **Michael** er "ildfuld og lidenskabelig" og den ultimative beskytter – typiske Sol-kvaliteter i astrologien.
- **Gabriel** "styrer følelserne" og er "forbundet med vandelementet"; han "beroliger dig, når du tvivler". Her er det pudsigt, at det netop er Gabriel, som fortæller Jomfru Maria om Jesus undfangelse, eftersom Månen i astrologien repræsenterer moderskab og graviditet.
- **Rafael** "kontrollerer healingenergi på alle planer – krop sind og ånd" og "hans essens er luft". Den mytologiske Hermes bærer en såkaldt "caduceus", som er en stav udsmykket med både vinger og slanger – et symbol for den medicinske videnskab(!)
- **Uriel** er "musikkens beskytter".
- **Raguel** er "politibetjenten" blandt ærkeenglene – en typisk Mars-funktion iflg. astrologien.
- **Sariel** "holder orden i tingene". I astrologien repræsenterer Jupiter netop "lov og orden" forstået som f.eks. retsvæsen.

- **Remiel** "er håbets engel", der "hilser os ved dødens dør og eskorterer os til himlen". "Når han viser sig, erstattes de vibrationer af frygt, stress og drama, der opstår, når vi ser døden i øjnene, af absolut fred og ro." I astrologien er Saturn den mindst farverige og dramatiske planet, i stedet fremmer den ro og stabilitet.

Andre ånder

Set fra en spirituel vinkel er vi alle ånder. Du er en ånd, der har en krop, og jeg er en ånd, der har en krop. Når kroppen dør, overlever ånden – den vender tilbage til den åndelige verden, som den kom fra. Heraf kan vi konkludere, at der findes ånder uden krop – nogen kalder dem spøgelser – men man kunne også kalde dem engle, som man gør i de fleste religioner, eller hjælpeånder, som man gør i Grønland.

Ligesom der er gode mennesker, er der også dårlige eller onde mennesker – og sådan er det også i den åndelige verden: Der er gode ånder og der er ånder, som ikke er særligt højt udviklede – endnu. Ligesom nyfødte børn er alle ånder på et tidspunkt startet med at være relativt egocentriske og ubetænksomme – men over tid og takket være Guds store kærlighed udvikler vi os og lærer f.eks. medfølelse med vores medmennesker og -skabninger.

Vi omgås konstant sådanne legemsløse ånder, også selv om vi ikke er klar over det og ikke kan se dem. Lige tiltrækker lige, så hvis man holder sin egen sti ren, tiltrækker man de gode ånder – og hvis man gennem sine handlinger viser ondskab og dårlig etik, tiltrækker man de knap så gode ånder.

Din skytsånd

"Skytsengle er meget betydningsfulde for mennesker, fordi de er de eneste sjæle, der er i tæt kontakt med os, fra vi fødes, til vi dør. De overvåger os, vejleder os og drager omsorg for os. De sørger for, at vores sind, krop og sjæl er i sikkerhed, indtil vi er parate til at vende tilbage til det åndelige plan – og så følger de os personligt tilbage til himlen." (Sonia Choquette i "Spørg dine guider" fra 2006)

Hvis man læser bøger af Michael Newton, en hypnotisør, som har forsket i efterlivet, f.eks. "Sjælerejser", bliver man bibragt opfattelsen, at en skytsånd godt kan være eller have været inkarneret i kød og blod, mens andre forfattere som f.eks. Sonia Choquette, der er et professionelt medium, mener, at skytsengle aldrig har inkarneret i kød og blod.

Michael Newton mener desuden, at en skytsengel fungerer som en slags lærer, der kan have fra 3 til 25 "elever", dvs. der er en en-til-mange relation mellem en skytsengel og de ånder, den har ansvaret for.

"Selv om du kun har én skytsengel, kan den vise sig i mange forskellige iklædninger, i enhver alder og i enhver form og hudfarve." "Dine engle viser sig ofte, når du har mest brug for dem, men du forstår ikke, hvem de er, før de efterlader dig med en så beroligende energi, at du har svært ved at tro på, at du ikke genkendte dem." (Sonia Choquette i "Spørg dine guider" fra 2006)

Når du konsulterer en clairvoyant, en healer eller en astrolog, handler det i bund og grund om en tilbagevenden til de åndelige rødder, som en gang var kristendommens forudsætning. Du kan også selv kontakte din daimon eller skytsånd direkte gennem bøn eller under meditation – eller ved brug af andre medier som f.eks. tarok-kort. Det sidstnævnte kaldes på engelsk "diviniation". Pointen er, at den ensomhed, som har bredt sig som en epidemi i den moderne verden, slet ikke er nødvendig – det er i virkeligheden op til det enkelte individ, selv om om denne verdens autoriteter gør alt for at bekæmpe en sådan "naiv" tilgang til livet.

"For at skabe kontakt til dine engle skal du lade din intellektuelle modstand hvile, acceptere deres nærvær og forstå, at ingen andre end du behøver at tro på, at du har været i kontakt me dem." (Sonia Choquette i "Spørg dine guider" fra 2006)

Hvis du inspireres til en god løsning på et vanskeligt problem uden at kunne forklare, hvordan det gik til, taler man om "intuition" eller "kreativitet", men sådan øjeblikke er måske i virkeligheden en kontakt med din daimon eller en hjælpeånd. Vi kunne også kalde det "guddommelig inspiration". Åndemanere og shamaner har til alle tider kontaktet den åndelige verden ved at bringe sig i trance under f.eks. trommedans.

Sammenblanding

Det er klart, at med så mange forskellige åndelige entiteter i spil og med navne, der varierer afhængigt af kulturel kontekst og historisk epoke, kan der let ske sammenblandinger, forvekslinger eller sprogforbistringer. Her følger nogle eksempler på citater fra Det Nye Testamente, hvor man godt kan spørge sig selv, om der er tale om Helligånden, en skytsånd eller en hjælpeånd:

- "I Jerusalem var der en mand ved navn Simeon; han var retfærdig og from og ventede Israels trøst. Helligånden var over ham, og den havde åbenbaret for ham, at han ikke skulle se døden, før han havde set Herrens salvede." (Luk. 2,25-26)

- "Så blev Jesus af Ånden ført ud i ørkenen for at fristes af Djævelen." (Mat. 4,1)

- "Vi opsøgte disciplene og blev dér i syv dage. Tilskyndet af Ånden sagde de til Paulus, at han ikke skulle rejse op til Jerusalem." (Ap.G. 21,4)

- "Og han fjernede sig et stenkast fra dem, faldt på knæ og bad: 'Fader, hvis du vil, så tag dette bæger fra mig. Dog, ske ikke min vilje, men din.' Da viste en engel fra himlen sig for ham og styrkede ham." (Luk. 22,41-43)

Det er dog værd at undres over, at alle religioner har engle, og iflg. Sonia Choquette er engle noget, som alle mennesker er parate til at diskutere, fordi de fleste enten har haft oplevelser med engle – eller også kender de nogen, der kan fortælle om sådanne oplevelser – og i de allerfleste tilfælde er der tale om meget positive oplevelser!

3. ØDIPUS-KOMPLEKSET

Astrologisk reference: Saturn og Stenbukken

En universel historie på græsk

Jeg opfatter kristendommen som en forlængelse af det såkaldte "hedenskab" og derfor ikke i modsætning til det. Man kan slet ikke forstå skrifterne i Det Nye Testamente, hvis ikke man har et godt kendskab til f.eks. antik græsk mytologi og astrologi.

Antik græsk kultur var gennemsyret af det, som Sigmund Freud kaldte Ødipus-komplekset, hvor en patriarkalsk far undertrykker sin hustru og sine børn, hvorpå moderen og børnene slår sig sammen om at tage magten fra faderen. Derpå overtager en af sønnerne tronen, hvorpå dramaet gentager sig.

Græsk mytologi starter med, at himmelguden Uranus havde samleje med jordgudinden Gaia. Uranus var så glad for sex, at han ikke ville stige ned fra Gaia. Resultatet var, at Gaia blev gravid med flere og flere børn, de såkaldte titaner, men disse børn kunne ikke fødes, fordi faderen jo var i vejen.

Den yngste søn hed Kronos på græsk og Saturn på latin. Gaia smuglede et kornsegl ind til Saturn, som derpå kastererede Uranus, der fór op til himmelen, så jord og himmel skiltes, og sådan har det været lige siden. Fra hans sår faldt en dråbe blod, og da blodsdråben ramte havet, fødtes kærlighedsgudinden Venus.

Saturn overtog nu magten. Han giftede sig med sin søster, Rhea, som var frugtbarhedsgudinde. Desværre var Saturn så paranoid, at hver gang Rhea fik et barn, åd han det. Rhea fandt på råd; da hun fik det næste barn, Jupiter, svøbte hun en sten i et klæde og gav det til Saturn, som slugte stenen i den tro, at det var barnet.

Jupiter blev smuglet væk til en ø, hvor han voksede op, indtil han blev tilstrækkeligt stærk til at vælte Saturn fra tronen og befri sine søskende, der heldigvis stadig levede. Saturn og de øvrige titaner blev forvist til verdensdybet, og derved blev Saturn grænsevogteren mellem den synlige verden (repræsenteret ved astrologiens 7 synlige planeter) og den usynlige verden (repræsenteret ved planeterne udenfor Saturns bane).

For at undgå at lide sin fars og sin bedstefars skæbne, indførte Jupiter straks ved lov, at han til alle tider ville være den stærkeste blandt guderne. Og således blev det. Ved en tovtrækningskonkurrence demonstrerede Jupiter senere, at han alene var stærkere end alle de andre guder tilsammen.

Jupiters søn Apollon var derfor "den evige søn", idet han aldrig ville kunne tage magten fra sin far. Som den første af guderne begyndte han – måske af kedsomhed – at interessere sig lidt for menneskene, der jo ellers bare var en slags legetøj for guderne.

Jesus

Før jeg fortsætter, vil jeg indskyde, at Israel ved vor tidsregnings begyndelse var blevet godt og grundigt "helleniseret", dvs. græsk tankegods gennemsyrede og påvirkede også jødedommen. Alle skrifterne i Det Nye Testamente er f.eks. affattet på græsk.

Da Jesus dukkede op på scenen, var status, at grækerne, romerne og alle de øvrige middelhavsfolk stod med et uløst Ødipus-kompleks. Jesus fødtes (eller fødes!) den 24. december, dvs. i Stenbukkens tegn, hvor planeten Saturn hersker. Man kan derfor godt opfatte Jesus som en slags inkarnation af Saturn, som i astrologien repræsenterer faderarketypen, der fylder meget i kristendommen. Når Jesus prædikede, handlede det ofte om, at Gud er hans (og vores) far, og vi mennesker er hans børn. Men vigtigst af alt: Jesus løste Ødipus-komplekset ved at sønnen ofrede sig for faderen. Derved gav han sine disciple et eksempel til efterfølgelse og viste os alle – men især mændene – hvordan vi kan leve civiliseret med hinanden. Det handler om at tilgive og vende den anden kind til – og meget mere af samme skuffe, f.eks. at tage godt imod fremmede!

Religionshistorisk er der flere overgangsfigurer mellem Apollon og Jesus, først og fremmest den egyptiske gud Osiris og vinguden Dionysos, som Jesus har mest til fælles med i Johannes-evangeliet, hvor han bl.a. gør vand til vin. Alt det kan man læse mere om i bogen "The Jesus Mysteries" (1999) af Timothy Freke og Peter Gandy.

Kvinderne

Den oprindelige kristendom havde også et budskab til kvinderne, men det har kirken efterfølgende undertrykt. Her er det Maria – der er 3 af dem i evangelierne – som udgør eksempler til efterfølgelse: Jesu moder Maria, Maria Magdalena og den Maria, som er Marta's søster. De 3 Maria'er svarer til 3 kvinderoller: Moderen, den prostituerede (eller uafhængige) kvinde og hustruen. Maria-kulten har korrespondancer tilbage til kulten for Kybele, den store modergudinde. Vi tror fejlagtigt, at det moderne velfærdssamfund er et nyt fænomen, men det har i virkeligheden dybe rødder i antikkens Kybele-kult og middelalderens Maria-kult.

Du kan læse mere om kvindernes rolle i "Jesus and the Goddess" (2008) af Timothy Freke og Peter Gandy samt den danske bog "Jokastes børn" (1980) af den franske Christiane Olivier.

Som med alle religiøse symboler rummer Maria-kulten en stor kompleksitet samtidig med, at konturerne er simple og enkle. Meget simplificeret handler det for en kvinde om enten at vie sig til cølibatet (og derved opnå en vis frihed) eller at finde sig én enkelt mand og holde sig til ham frem for at lade sig prostituere med mange mænd; hvis man undervejs kommer på afveje, kan man blive tilgivet – fordømmelse og straf er ikke en del af pakken. Maria-kulten, der i høj grad handlede om at finde kærligheden og skabe balance i relationer, gav kvinder lighed, magt og prestige – og blev effektivt undertrykt af reformationens protestantisme og katolicismens modreformation.

Hekseforfølgelserne i den europæiske rennæssance kan slet ikke forstås, hvis man ikke har en forståelse for Kybele-kulten og dens efterfølger, Maria-kulten. Respekten for det kvindelige element element i universet bliver dermed helt afgørende for udøvelsen af enhver form for spiritualitet, hvad enten det drejer sig om at helbrede syge, kontakte ånderne fra afdøde mennesker eller se ind i fremtiden. Og konklusionen er paradaksol: En patriarkalsk kristendom er en selvmodsigelse!

"For at kunne forstå hekse må vi tilsidesætte vores uvilkårlige tro på, at guddommen er af hankøn... Vi må forstå, at de fleste af de store religioner af i dag (Islam, jødedom, kristendom) fungerer som et *forsvar* for en patriarkalsk opfattelse af verden, og at dette ikke er den eneste opfattelse... at mennesker har tilbedt guder og gudinder under mange forskellige former... og at måden, hvorpå vi beskriver guddommen er mindre væsentlig, end at vi erkender tilstedeværelsen af en guddommelig ånd både i og uden for vort eget jeg." (Citat fra bogen "Hekse" af Erica Jong, 1981)

De matriarkalsk baserede mytologier, som stadig er aktuelle, handler om at se hele verden og alle fænomenerne i den som besjælede – som et smukt og livgivende sted, hvor der sørges for alt og alle, ligesom en moder sørger for sine børn. En Disney tegnefilm eller et eventyr af H.C. Andersen er således mere i overensstemmelse med denne magiske tankegang, som af en psykiater ses som et sikkert tegn på vanvid, end en "fornuftsbaseret" moderne avis eller lærebog fra et universitet.

Ifølge moderne patriarkalsk videnskab er jordkloden som sådan død, idet den består af forskellige kemiske komponenter og mineraler, f.eks. vand og kulstof, som derpå kan danne basis for levende organismer, hvis oprindelse man i øvrigt ikke forstår. I et mytologisk-matriarkalsk perspektiv er jordkloden derimod levende og besjælet, idet den giver og modtager næring til og fra andre levende og besjælede væsener eller organismer.

Her er det måske værd at huske, at græsk mytologis første mandlige gud var himmelguden Uranus, der pr. definition ser verden fra et lidt distanceret og intellektualiseret helikopter-perspektiv, mens den tilsvarende første kvindelige modpart var jordgudinden Gaia, der pr. definition ser verden på tæt hold og fra frø-perspektiv. Moderskabet er netop forbundet med det nære og intime, det nærende og livgivende.

Mændene

Men tilbage til mændene: At kristendommen stadig har et stærkt budskab, fremgår af, at de religioner og ideologier, som ikke har løst Ødipus-komplekset, har store problemer. Det gælder f.eks. Islam og Jødedommen. Ifølge Koranen er jøder det samme som hunde, svin og aber (profeten Muhammed var sur på jøderne, fordi de ikke antog Islam som den eneste sande religion) og ifølge Tora'en er muslimer (eller arabere) det samme som Ismaeliter og filistre, dvs. fjender, der skal bekæmpes. Resultatet er en uendelig cirkel af vold.

Og Ødipus-komplekset er stadig virksomt, i dag mere end nogensinde. Hver gang en mand begår vold mod et andet menneske, dræber han i den psykologiske virkelighed sin far eller voldtager sin mor. Den franske revolution, den russiske revolution, Stalin, Hitler, Mao, Pol Pot, Che Guevara eller et hvilket som helst selvmordsangreb – det er den samme historie om Ødipus hver gang, idet mord og voldtægt iklædes store idealer som f.eks. frihed, lighed og broderskab eller kærlighed til Gud og fædreland.

Mænd som Mahatma Gandhi og Nelson Mandela har derimod vist en anden vej, en vej mod forsoning og tilgivelse. Vi skal stadig bekæmpe tyranni og uretfærdighed, og være villige til at sætte livet ind på det – men samtidig huske, hvad Jesus sagde til Pilatus, før han blev korsfæstet: "Mit rige er ikke af denne verden." (Johs. 18,36)

4. DEN LILLE FORSKEL

Astrologisk reference: Solen og Løven

Iokaste

Kong Laïos og dronning Iokaste fra bystaten Theben fik sammen sønnen Ødipus, om hvem det blev spået, at han ville dræbe sin far og gifte sig med sin mor. For at undgå, at denne spådom skulle gå i opfyldelse, fik en hyrde besked på at tage sønnen ud i ødemarken og der slå ham ihjel. Imidlertid efterlod hyrden barnet i vildmarken uden at slå ham ihjel med det resultat, at han blev fundet og bragt til bystaten Korinth, hvor han blev adopteret af kongeparret Polypos og Merobe.

Da Ødipus blev voksen, blev han spået, at han ville dræbe sin far og gifte sig med sin mor. Eftersom han var uvidende om, at han adopteret, flygtede han i rædsel væk fra Korinth, idet han ønskede at forebygge, at spådommen gik i opfyldelse. Undervejs kom han i skænderi med en fremmed mand, som han dræbte; den "fremmede" var i virkeligheden kong Laïos, dvs. hans far. Da han nåede Theben, var byen i sorg, fordi kongen angiveligt var blevet dræbt af en ukendt røver. Ødipus forelskede sig i den sørgende enke, som han giftede sig med, hvorved spådommen, som nu havde været fremsagt to gange, blev opfyldt.

Da der udbrød pest og hungersnød i Theben, blev Oraklet i Delfi spurgt til råds om årsagen. Derved kom den frygtelige sandhed frem: At Thebens nuværende konge var en fadermorder, der havde ægtet sin egen mor. Iokaste reagerede ved at hænge sig, mens Ødipus gjorde sig selv blind. Derefter blev han fordrevet fra Theben.

Sigmund Freud

Psykoanalytikeren Sigmund Freud (1856-1939) brugte historien om Ødipus til illustrere, at alle børn i 3-6 års-alderen gennemlever en så-kaldt ødipal fase, hvor de forelsker sig i forælderen af modsat køn og gør oprør mod forælderen af samme køn. Det lyder som beskidt tankegang men er det ikke – det er iflg. Freud sådan, vi som mennesker grundlægger evnen til at forelske os i et andet menneske.

Den ødipale fase er ifølge Freud vellykket, når barnet erkender, at det ikke kan få sin mor eller far. Så er det klar til, på et senere tidspunkt i livet, at forelske sig i et andet menneske. Hvis barnet aldrig når frem til denne erkendelse, taler man om en forfejlet udgang af den ødipale fase, hvilket skaber et Ødipus-kompleks i det pågældende barns sind. Ødipus-komplekset har især vist sig at være relevant, hvis individet tilhører en meget patriarkalsk kultur; f.eks. er Sigmund Freud's psykoanalyse mere udbredt og populær i Frankrig og USA end i de skandinaviske lande, hvor der er mere lighed mellem kønnene.

I dag er Ødipus-komplekset igen blevet aktuelt, eftersom det ligger bag enhver terror-aktion, hvad enten gerningsmanden er nynazist som Anders Breivik eller en vred ung muslimsk mand, der er motiveret af sin religion. I begge tilfælde er drengen blevet opdraget som en lille konge med en så udstrakt grad af frihed i barndommen, at mødet med virkeligheden som voksen fører til vrede, frustration og handlinger, der for udenforstående forekommer ubegribelige.

Drengene

Eftersom det er kvinder, der føder børn, mens fædre (traditionelt) befinder sig ude i periferien, f.eks. fordi de arbejder udenfor hjemmet, fødes drengebørn ind i et ødipalt fællesskab med moderen. Opgaven eller udfordringen for en dreng er derfor *at bryde ud* af det ødipale fællesskab eller det, som nogle mandlige psykoterapeuter (f.eks. Ole Vedfelt) har kaldt det kvindelige fængsel. Denne bryden ud sker ved at overtræde reglerne for god opførsel ved f.eks. at være frastødende og ulækker, jævnfør digtet:

"What are little boys made of?
What are little boys made of?
Snips and snails
And puppy-dogs' tails
That's what little boys are made of."

Selvfølgelig kan man også bare læse tegneserien "Steen og Stoffer" af Bill Watterson, hvis man ønsker en mere illustrativ tilgang til emnet.

Pigerne

Situationen er anderledes for en pige. Hun fødes af den forælder, som i den ødipale fortælling er hendes konkurrent eller rival. Det er derfor så megen trivialliteratur henvendt til kvinder handler om en trekant mellem en begæret mand, heltinden og så "den anden kvinde". Pigens opgave eller udfordring står i skarp kontrast til drengens opgave: Hun skal *bryde ind* i et ødipalt fællesskab med faderen, som jo traditionelt er mere eller mindre fraværende i børneopdragelsen. Det handler for pigen i højere grad om at være sød, indtagende og charmerende, jævnfør digtet:

"What are little girls made of?
What are little girls made of?
Sugar and spice
And everything nice
That's what little girls are made of."

Tomhed og fylde

Der er også et andet område, hvor de traditionelle drenge- og pigeroller er afgørende forskellige i forhold til den ødipale problematik, nemlig det kropslige. En dreng er fra starten af en miniature-udgave af den voksne mand, eftersom hans kønsorgan til forveksling ligner den voksne mands. Med en pige forholder det sig anderledes, dels er de kvindelige kønsorganer mere eller mindre skjulte, dels undergår hendes krop i løbet af et liv dramatiske forandringer (iflg. Christiane Olivier's bog "Jokaste's børn"):

- Først er hun (tilsyneladende) intetkøn, eftersom hun jo ikke har kvindelige attributter i form af bryster og bløde former. I forhold til den ødipale problematik, som handler om forelskelse og erotisk tiltrækning, er der tale om fase af tomhed men også uafhængighed og frihed samt høj intelligens (sammenlignet med drengen på det tilsvarende udviklingsstadium).

- Når de kvindelige attributter vokser frem og kvinden bliver i stand til at føde børn, bliver hun omsværmet af medlemmer af det modsatte køn. I forhold til den ødipale problematik er der tale om fase af fylde.
- Når en kvinde mister evnen til at føde børn, sker der igen ændringer i hendes krop og i forhold til den ødipale problematik, som nu igen er præget af tomhed. Men kvinden kan i mellemtiden have opnået en magtfuld og respekteret position som matriark, forudsat at kulturen giver mulighed for det.

Det er disse dramatiske skift mellem (erotisk) tomhed og fylde og især frygten for tomhed, som motiverer og karakteriserer det specifikt kvindelige iflg. Psykoanalytikeren Christiane Olivier. Som astrolog møder jeg f.eks. modsætningen fylde-tomhed, når det handler om fedme, uanset om klienten er en mand eller en kvinde. I disse tilfælde ved jeg af erfaring, at konsultationen kommer til at handle om arketyperne Sol, Måne og/eller Eris.

Andre forskelle
Faktisk startede min interesse for astrologi med, at jeg undrede mig over forskellene mellem mennesker. F.eks. hvorfor er nogle mennesker tilbøjelige til at blive overvægtige, og andre ikke? Selvfølgelig kan man finde naturvidenskabelige forklaringer, men naturvidenskaben er efter min mening for endimensionel: Som om mennesket kun var kød og blod – uden sjæl. Ifølge naturvidenskaben er sjælen (forstået som følelserne eller den følelsesmæssige identitet) et produkt af kemi. Derfor behandles psykiske problemer typisk med kemiske produkter i vores patriarkalske samfund.

Men hvad hvis sjælen er virkelig og tilmed kan eksistere uafhængigt af kroppen, f.eks. efter at kroppen er død? Vi siger jo: "Jeg har en krop." Vi siger ikke: "Jeg er en krop." Så er sjælen jo vigtigere end kroppen. Astrologi inddrager både krop og sjæl. DNA-analyser kan f.eks. kun sige noget om den fysiske side af livet. Den astrologiske historie om dig handler om både din psyke og din fysik.

Når jeg laver statistik med overvægtige menneskers horoskoper, kan jeg se både de fysiske og de psykiske karakteristika, så jeg bedre forstår den overordnede sammenhæng. Tendens til overvægt handler om Månen, når man overspiser pga. modgang, og Eris, når man overspiser i tider med medgang, simpelthen for nydelsens skyld. Når Solen dominerer ved fedme, er det mere Elvis Presley-agtigt, hvor personen måske nok har visdom til at rådgive andre, men ikke sig selv. "For hvad gavner det et menneske at vinde hele verden, men bøde med sit liv? Eller hvad kan et menneske give som vederlag for sin sjæl?" (Mat. 16,26)

Det latinske ord for mor er "mater", hvorfra vi også har ordet "materiel". Hvor Jesus (læs: Saturn og Uranus) i astrologien hersker over en åndelig virkelighed, hersker Maria (læs: Solen og Månen) over den materielle eller fysiske verden. Hendes verden handler om at føde børn og ernære både dem og sig selv samt i det hele taget at føre slægten videre. Kvinder er i højere grad end mænd storforbrugere, eftersom de køber ind ikke bare på egne men også på familiens vegne. Når mænd køber ind, sker det oftest for at tilfredsstille egne egocentriske ønsker.

5. OM MIDDELALDERENS MAGTFULDE KVINDER

Astrologisk reference: Månen og Krebsen

Kybele

De allerførste kristne dyrkede Maria mere, end de dyrkede Jesus. Det kan man se af de billeder, som de forfulgte og undertrykte kristne lavede i de romerske katakomber. Her finder man kristne symboler som fisken og brødene, men ingen af billederne forestiller den voksne Jesus. Derimod er der mange billeder af Maria som en myndig matrone med Jesus-barnet på skødet eller diende ved sit bryst. Forklaringen er enkel: Kristendommen var i nogle henseender en videreførelse af kulten for Kybele, den store moder, som oprindeligt blev dyrket i Lilleasien. Det romerske samfund var patriarkalsk og fjendtligt indstillet mod Kybele, som ansås for at være lidt for fremmedartet og eksotisk.

Kybele var en solgudinde, hvis solvogn blev trukket af to løver. Hun var den store modergudinde, hvis præster kastrerede sig selv i hengivelse til hende. Det lyder ikke særligt hyggeligt, men i virkeligheden har vi her forløberen til middelalderens Maria-dyrkelse, hvor præster og munke ganske vist ikke kastererede sig selv, i stedet afgav de et kyskhedsløfte – som de dog ikke altid overholdt.

Når præster, munke eller nonner giver afkald på at få børn, har de et overskud af tid og energi, som de kan investere i andre projekter som f.eks. at bygge og drive hospitaler og i det hele taget udføre socialt eller kulturelt arbejde. Man kan se det samme fænomen i mange andre kulturer, f.eks. blandt buddhistiske munke og nonner i Thailand. Det er her, vi finder baggrunden for det moderne velfærdssamfund.

Kybele var en frugtbarhedsgudinde, der især blev forbundet med den vilde natur og bjergene, og som havde flere fællestræk med andre af oldtidens frugtbarhedsgudinder, som f.eks. Gaia, Rhea eller den babyloniske Ishtar. For eksempel kunne hun stilne en storm eller velsigne en mark, så høsten blev stor. Generelt for disse gudinder gjaldt det, at de fungerede som kvindernes beskyttere i et ellers mandsdomineret samfund.

Maria

Vi ved ikke så meget om Kybele-kulten. Til gengæld har vi mange skriftlige kilder om middelalderens dyrkelse af Maria, som især var udbredt i Sydeuropa, dsv. Spanien, det sydlige Frankrig og Italien. Sandsynligvis har de kulturelle tråde i Maria-dyrkelsen direkte forbindelse tilbage til dyrkelsen af Kybele.

Maria blev dyrket med "utugtig" underholdning i form af "frække" sange, historier eller skuespil, som blev opført i kirkerne(!) – præcis som det må formodes, at man i antikken dyrkede en gudinde for netop frugtbarhed, hvor det gjaldt om ikke at undertrykke men derimod at fremme lysterne. Forholdet til følelser, sensualitet og erotiske lidenskaber var afslappet. Folk var langt mere frisindede og tolerante dengang, end de er i dag, hvor seksualiteten har mistet sin værdighed. Vi kender den bramfrie tone fra middelalderen i Shakespeare's skuespil og historierne fra bogen "Decameron", som blev skrevet af Giovanni Boccaccio (1313-1375).

Maria har et kærlighedsbudskab, som først og fremmest henvender sig til kvinderne. Hvis f.eks. en mand var sin hustru utro, var det i orden, hvis hun til gengæld tog en elsker. Af Maria-skuespillene kan man udlede, at en kvinde ikke mente ja, når hun sagde nej. Hun mente faktisk nej, når hun sagde nej. Og af lovgivningen kan man se, at voldtægt blev straffet med døden.

Men ellers betød det ikke så meget, at man syndede, for så længe man elskede Maria, kunne man altid få tilgivelse bagefter. Maria ville gå i forbøn for dig hos Gud Fader på den yderste dag. I det afgørende øjeblik ville hun være der og forsvare enhver synder, og hendes søn ville afsige den dom, hun befalede. Maria må dermed siges at være en meget magtfuld kvinde!

Anskuet ud fra et mentalhygiejnisk synspunkt var denne holdning langt mere sund, end den "syndsbevidsthed", der senere fulgte i reformationens og modreformationens fodspor, og hvor det gjaldt om at føle skyld over, at man var født med biologiske drifter.

I Maria havde folk et positivt kvindebillede, der betød, at kvinder kunne være lige med mænd, de kunne eje jord, styre et kloster og i det hele taget selv bestemme over deres liv. Kvinder var ikke fortrængt til rollen som moder og husmor. Underklassens kvinder kunne færdes frit overalt, hvad enten de var landarbejdere, bagere, fiskere eller handlende på torvet, for dyrkelsen af Maria krævede, at de blev respekteret.

Ægteskabet var basis for kærlighedslivet, men det krævede ikke præstens velsignelse for at være gyldigt. Faktisk var det tilstrækkeligt, at en mand og en kvinde lovede hinanden at leve sammen til døden skilte dem ad, når bare det skete frivilligt. Sådan et ægteskab kaldtes et naturægteskab. Det måtte jo være sådan, at Adam og Eva var blevet gift, konkluderede man. Kirken fik først monopol på ægteskabet ved det såkaldte Trenterkoncil, der varede fra 1543 til 1563.

Naturægteskabet gav unge mulighed for at gifte sig med den, de elskede, i stedet for den, forældrene havde valgt til dem. Ifølge loven havde forældre autoritet til at vælge deres børns ægtefæller, men hvis et ungt menneske fulgte sit hjerte og selv valgte sin partner, ville præster, munke og nonner forsvare det unge menneskes valg med henvisning til Maria som autoritet.

Reformation og modreformation
Da Maria-kulten kulminerede, havde ikke bare Maria undfanget Jesus uden en mands medvirken, hendes moder Anna havde gjort det samme, da hun undfangede Maria. Man stod i en situation, hvor Gud blev dyrket som en kvinde og hendes datter. Jesus var næsten helt ude af billedet, hovedsageligt fordi Maria-legenderne var skrevet på det lokale sprog, mens Biblen var på latin, som kun præsterne forstod.

Da Martin Luther oversatte Biblen til tysk og indledte reformationen, som (gen-)indførte patriarkatet med henvisning til de hellige skrifter, måtte den katolske kirke reagere og gøre noget lignende, hvilket resulterede i den såkaldte modreformation.

Resultaterne kender vi. Kvinderne mistede deres sociale status:

1. Hvor der før havde været hellige kvinder, som var beskyttet af Gud og Jomfru Maria, så man nu hekse, der tilhørte Djævlen.
2. Hvor der før havde været klostre for nonner, som samledes om at være kulturbærere, så man nu hekse-sabatter, hvor man bl.a. spiste små børn.
3. Hvor kvinder før havde fungeret som healere, fødselshjælpere og præstinder, der med deres velsignelser skabte frugtbarhed på de dyrkede marker, så man nu hekse, der med magi kunne fjerne en mands potens, ødelægge afgrøderne eller fremkalde alskens andre ulykker.
4. Hvor man før mente, at man med Marias hjælp kunne skaffe regn, når der var tørke, eller få en storm til at ophøre, så man nu kvinder, der var i stand til at skabe tørke eller fremkalde storme.
5. Hvor kvinder før havde fungeret i rollen som clairvoyante og profeter, så man nu hekse, der kunne ønske ondt over andre og få sådanne ønsker til at gå i opfyldelse.
6. Hvor hellige kvinder i dyrkelsen af Maria før formåede at bringe sig selv i en tranceagtig tilstand, hvor de ikke længere behøvede at indtage mad overhovedet (et fænomen, der også kendes fra hinduistiske guruer), handlede det nu om kvinder, der åd menneskekød og sugede blod ud af mænd og børn.
7. Hvor hellige kvinder før kunne gøre medaljoner, tøj eller mad helse- og lykkebringende gennem berøring eller velsignelse, kunne kvinder nu forhekse mad, mennesker og redskaber, så de medførte sygdom og ulykke.
8. Hvor det specifikt kvindelige før blev dyrket med ærefrygt, blev kvinder nu forfulgt, mishandlet og brændt på bål. Ofte måtte myndighederne forsvare de anklagede mod rasende fol-

kemængder, som var revet med af den øjeblikkelige lynch-stemning. Generelt var hekseforfølgelserne langt værre i de protestantiske og reformerte lande end i de lande, der forblev katolske.

New Age
Heldigvis har vi i moderne tid genopdaget nogle af de kultur-elementer, som blev forsøgt udryddet under hekseforfølgelserne i Europa. I forb.m. ungdomsoprøret sang the Beatles f.eks.:

"When I find myself in times of trouble
Mother Mary comes to me
Speaking words of wisdom, let it be
And in my hour of darkness
She is standing right in front of me
Speaking words of wisdom, let it be"

6. EN DISKUSSION OM LIDELSENS PROBLEM

Astrologisk reference: Neptun og Fiskene

Eskilds opslag på Facebook: Min interesse for astrologi startede med, at jeg undrede mig over forskellene mellem mennesker. F.eks. hvorfor er nogle mennesker tilbøjelige til at blive overvægtige, og andre ikke? Selvfølgelig kan man finde naturvidenskabelige forklaringer, f.eks. i Illustreret Videnskab, men naturvidenskaben er efter min mening for endimensionel: Som om mennesket kun var kød og blod - men hvad med sjælen? Ifølge naturvidenskaben er sjælen et produkt af kemi. Derfor behandles psykiske problemer typisk med kemiske produkter i vores samfund.

Men hvad hvis sjælen er virkelig og tilmed kan eksistere uafhængigt af kroppen, f.eks. efter at kroppen er død? Vi siger jo: "Jeg har en krop." Vi siger ikke: "Jeg er en krop." Så er sjælen jo vigtige end kroppen. Astrologi inddrager både krop og sjæl. DNA-analyser kan f.eks. kun sige noget om den fysiske side af livet. Den astrologiske historie om dig handler om både din psyke og din fysik. Når jeg laver statistik med overvægtige menneskers horoskoper, kan jeg se både de fysiske og de psykiske karakteristika, så jeg bedre forstår den overordnede sammenhæng.

Dorthe: Selvfølgelig lever sjælen uden kroppen men ikke omvendt. Lev vegansk så kommer du af med de fleste sygdomme og eller de bliver mindre dominerende. Kig efter de vediske skrifter og viden. Det er flere 1000 år gammel viden. Og vi bliver bogstaveligt talt hvad vi spiser. Det meste kan ikke forstås med hovedet. Kun med hjertet.

Dorthe: PS. Sjælen har ingen problemer. Det er Sindet der digter det hele.

Eskild: Hmm, det er ikke en selvfølge på universiteterne og blandt forskere, at sjælen kan leve uden kroppen. Er det det dem, der tror på naturvidenskabens paradigme om, at kun den fysisk-materielle verden eksisterer, eller os, der mener noget andet, som er en minoritet?

Dorthe: Vi skal nok ikke gå op i hvad andre mener, og jeg tænker, at vi kan alligevel kun måle os på os selv. Hvis vi hver dag er en lille smule bedre end den foregående dag, er meget nået. :-)

Eskild: Når jeg betaler skat, hvoraf en del af pengene netop går til forskning og universiteter, vil jeg gerne påvirke, hvad pengene går til ved f.eks. at bruge min ytringsfrihed her på Facebook. Som astrolog føler jeg mig sat udenfor det gode selskab, og det er jeg utilfreds med.

Dorthe: Det kan jeg godt forstå du gør, der er så heldigvis andre steder og samfund som gerne vil tage dig seriøst. Vestens videnskab er ikke eneste videnskab i verdenen. Vesten er bare ofte for arrogante til at se der er noget der har virket altid. Den samfundsstruktur og de normer vi tror vi har opfundet i vesten har eksisteret i Indien og på Sri Lanka i år tusinder. Den demokratiske tankegang er allerede afprøvet for mere end 5000 år siden.

Eskild: Jeg har rejst i Indien. Jeg er ikke udelt begejstret for det indiske system, hvor så mange mennesker lever i dyb fattigdom og samfundet generelt er gennemsyret af korruption.

Dorthe: Gud har skabt det hele og er alting. Han laver ikke fejl. Folk har deres oplevelser for at udvikle sig. Der er ingen ofre i denne verden. Men først når vi får styr på vores sanser og vores sind vil vi kunne slippe denne illusoriske verden og være observatører i stedet for at hænge fast i vores forestillinger om godt og ondt. Det findes ikke. Det er sindet der spinder historier og forestillinger. Den demokrati de har i Indien i dag er forvansket, men er et billede på den tidsalder vi lever i nu. Sådan er det også i vores samfund. Vi agerer i forhold til den tidsalder vi lever i. Vi skal blive bedre til at se bagved og ikke lade os kører med på alle de spil der er i verdenen. :-)

Eskild: Vi fik gudskelov afskaffet apartheid i Sydafrika, men kastesystemet i Indien lever i bedste velgående. Dertil kommer, at antallet af voldtægter på kvinder i Indien er eksploderet de seneste år. Lad mig citere Mat 7,15-17: "Tag jer i agt for de falske profeter, der kommer til jer i fåreklæder, men indeni er glubske ulve. På deres frugter kan I kende dem. Plukker man druer af tjørn eller figner af tidsler? Sådan bærer ethvert godt træ gode frugter, og det dårlige træ dårlige frugter." De "frugter", som det indiske samfund bærer, er efter min mening ikke gode.

Dorthe: De har mistet deres spiritualitet. Kastesytemet er blevet misfortolket og ødelagt. Men faktisk et ret godt system hvis det ikke blev brugt som magtmiddel. Og ja der sker meget forførdeligt set med menneskeøjne, men vi ved ikke om de, "der lider" rent faktisk betaler af for noget karma. Det kan være resultat af kødspisning. Det tager 184 billioner liv at blive menneske, men kun et til at blive nedgraderet. Og vi lever i Kaliyugien som er opbrudets tidsalder og derfor kommer Avatarene og hjælper jorden nu.

Eskild: Problemet med kastesystemet er, at det er indskrevet i Veda'erne. Det gør, at det er næsten umuligt at udrydde igen. Det er på samme måde med konflikten i Mellemøsten mellem jøder og palæstinensere: I jødernes Tora er palæstienenserne det samme som filistre og ismaeliter, dvs. nationale fjender, der skal bekæmpes. I Koranen er jøder beskrevet som aber, svin og hunde, fordi profeten Muhammed var sur på jøderne over, at de ikke ville tilslutte sig Islam som den eneste sande religion. Resultatet er en voldsspiral uden ende.

Eskild: Dorthe, jeg oplever, at dine kommentarer er meget letkøbte og savner en ikke uvigtig ingrediens, nemlig medfølelse med dem, der lider. Du er lidt som generalen, der fra et værtshus kan sige, hvordan krigen burde have været ført til sejr, uden selv nogensinde at have været i kamp. Dertil kommer, at uden medfølelse med dem, der lider, risikerer du at skabe dårlig karma for dit eget fremtidige liv.

Dorthe: Så læser du mig forkert. Jeg har medfølelse. Men det hjælper ingen at sætte sig og tude med andre. Tænk sig hvis lægen gjorde det, når du kom forbi med et problem. Jeg siger vi alle har vores Dharma. Vores pligt i livet. Mange af de såkaldte negative oplevelser er oftest en skjult velsignelse. Og vi ved ikke hvor mange liv vi har brugt på at bygge de oplevelser vi har og får. Alle vores handlinger, tanker, følelser skaber karma. Derfor skal vi lærer at kontrollere vores sanser. Vi skal ud over dualitet. Vi skal slippe alt. I øvrigt er alt sket, sjælen er evig og vore sande jeg. Den kan ikke gå i stykker eller slås ihjel. Selv om kroppen er vigtig for Gudsrealisering, så vil den forgå. Intet i denne verden er permanent. Og alt er Gud. Alt vi oplever uden for os selv er Maya. Illusion. Det virkelige liv er i hjertet. Lev i hjertet af hjertet for hjertet.

Eskild: Joooo, du skirver, at de lidende mennesker lider, fordi de har skabt dårlig karma for sig selv. Hvis du ikke kan vise medlidenhed, når andre lider nød, hvem skal så vise dig medlidenhed, når du lider nød? Sådan skaber du dårlig karma for dig selv, uanset hvor meget veganer du er, eller hvor meget selvkontrol du udøver. Du burde læse Voltaire's "Candide" i stedet for de dumme Vedaer – eller "Jobs Bog". Begge skrifter stiller et stort spørgsmålstegn ved om alt, hvad der sker under Guds himmel nu også er Guds vilje. Vi lever netop ikke i den bedste af alle mulige verdener – vi lever i en verden fuld af fejl og mangler. Du er kort sagt vejet og fundet for let. Men du kommer nok først ned på jorden til os andre den dag, du møder modgang, lidelse og smerte; det nytter ikke at forsøge at tale dig til fornuft endnu. :-)

Dorthe: I lige måde. Lev et velsignet liv altid.

Eskild: Konsekvensen af din tolkning af karma-loven – og det er det, der gør mig oprørt – er, at hvis f.eks. en indisk kvinde voldtages, må hun selv have været ude om det pga. noget, hun har gjort, enten i dette liv eller i et tidligere liv. Den holder ikke en meter. Min tolkning af karma-loven er, at alting udlignes over tid. Hvis ovennævnte indiske kvinde voldtages uden at have haft skyld eller ansvar, vil denne meget dårlige oplevelse senere blive udlignet med en tilsvarende god oplevelse. Ikke alt, hvad der sker under Guds himmel er udligning af gammel karma. Der bliver konstant skabt nyt karma. Din tolkning af karmaloven er en dårlig undskyldning for ikke at hjælpe mennesker i nød. Min tolkning af karma-loven er en motivation for at hjælpe mennesker i nød. Din tolkning af karma-loven er et nyttigt redskab i hænderne på undertrykkere og udbyttere. Min tolkning af karma-loven er en opmuntring til og en trøst for dem, der bliver behandlet uretfærdigt. Kristendommens inderste kerne er, at Jesus var uskyldig, da han blev pint og henrettet. Heraf kan man udlede, at enhver kan komme ud for at lide uret uden først at have gjort noget forkert.

7. OM SPIRITUALITETENS BETYDNING

Astrologisk reference: Pluto og Skorpionen

Vor fælles illusion

Buddhismen har en grundsætning, der siger, at alt i den materielle verden er i konstant forandring. Enhver tryghedsfornemmelse, som udledes af materielle besiddelser er derfor falsk. I stedet bør man bygge sit liv på åndelige sandheder, fordi de er uforanderlige. Eller som den danske version af Wikipedia skriver om buddhisme: "Målet med buddhistisk praksis er at nå en tilstand af stabil og varig sindsligevægt, klarhed, og vilkårsløs medfølelse."

Denne lære finder genklang i evangelierne i Det Nye Testamente, når Jesus prædiker, f.eks. i Mat 6,19-20: "Saml jer ikke skatte på jorden, hvor møl og rust fortærer, og hvor tyve bryder ind og stjæler. Men saml jer skatte i himlen, hvor hverken møl eller rust fortærer, og hvor tyve ikke bryder ind og stjæler."

Det åndelige budskab i Jesu lære bliver endnu stærkere, når talen falder på en kommende dommedag i Luk 17,26-29: "Og som det var i Noas dage, sådan skal det også være i Menneskesønnens dage: De spiste og drak, giftede sig og blev bortgiftet lige til den dag, da Noa gik ind i arken, og syndfloden kom og udslettede dem alle. Eller som i Lots dage: De spiste og drak, købte og solgte, plantede og byggede; men den dag, da Lot forlod Sodoma, regnede ild og svovl ned fra himlen og udslettede dem alle."

Når vores politikere fortæller os, at løsningen på alle vores problemer er økonomisk vækst, er de derfor hverken på linie med buddhismen eller kristendommen; i stedet taler de ud fra en rent materialistisk tankegang, som dels er kortsigtet, dels bygger på laster som grådighed, arrogance og misundelse. Ønsket om økonomisk vækst er jo også det, der driver kriminelle organisationer som f.eks. mafiaen. Man kan dermed konkludere, at politikernes tale, der faktisk vinder genklang hos vælgerne, har en indbygget defekt.

Læren om den materielle verdens konstanter foranderlighed har et mytologisk udtryk i den hinduistiske gudinde Kali, som i astrologien har sit modstykke i planeten Pluto, der hersker i Skorpionens tegn. Kali repræsenterer fødsel og død, destruktion og rekonstruktion, begyndelse og afslutning. Kali er en side af den store moder, som vi helst fortrænger - hvilket er ironisk, fordi fortrængning også er et af hendes domæner. Kali er den fortid, som vores fremtid bygger på. Vi får jo ikke ubehagelige ting i vores fortid til at forsvinde ved at fortrænge dem. Når vi flygter væk fra dem, følger de os – som da drillenissen flyttede med bonden i folkeeventyret:

På en gård behandlede de ikke gårdnissen ordentligt, så den hævnede sig ved at ødelægge alt. Til sidst så familien ingen anden udvej end at flytte fra gården. Men det hjalp ikke noget, for nissen flyttede med.

Mafiaens og andre kriminelle organisationers fortsatte eksistens viser os, at forbrydelse skam betaler sig. Regnskabet bliver jo alligevel først gjort endeligt op på dommedag – den tid, den sorg. Så lad os spise og drikke og være glade indtil da – eller hvad?

Preppers

"Preppers" er en betegnelse for en relativt ny og hastigt voksende amerikansk subkultur, hvor man forbereder sig på katastrofe, f.eks. hungersnød, økonomisk krise eller krig. Ordet "prepper" kommer af det engelske ord "prepare", dvs. forberede sig. Alle former for forberedelse er inkluderet, lige fra at bygge sikkerhedsrum, opbygge et lager af langtidsholdbare fødevarer, indkøb af guld og andre ædle metaller til førstehjælpskurser og træning i selvforsvar og brug af våben. Bevægelsens aktuelle vækst viser, at folk generelt er blevet mere utrygge og forventer det værste.

Årsagerne til utrygheden er lette at finde. Den økonomiske krise, hvis eftervirkninger vi stadig døjer med, kulminerede i september 2008 med kollapset af den amerikanske Lehman Brothers bank. Krisen startede angiveligt i december og sluttede i juni 2009, idet den kom til at vare 19 måneder. Krisen regnes for at have været den værste siden depressionen i 1930'erne.

Men "preppernes" frygt bygger på mere end blot økonomisk krise og arbejdsløshed:

- *Naturkatastrofer:* Oversvømmelser, jordskælv, tornadoer, vulkanudbrud og/eller klimaforandringer
- *Biologiske katastrofer:* Dengue-feber, zika-virus, SARS (også kaldet fugle-influenza) eller nye variationer af AIDS.
- *Overbefolkning*, hvor der bliver kamp om ressourcerne, f.eks. vand.
- *EMP:* En elektromagnetisk bølge skabt af f.eks. en atombombe, en komet, der passerer tæt forbi jordkloden, eller en storm på solen. En EMP slår alt elektrisk ud på jorden i en kortere eller længere periode.
- *3. verdenskrig:* Magtbalancen mellem supermagterne er skrøbelig efter den kolde krigs slutning. Rusland og Kina investerer som aldrig før i at opbygge deres militær, og russerne krænker jævnligt andre landes luftrum for at afprøve disse landes beredskab. USA's rolle som verdens politibetjent udfordres af lokale krige og uroligheder i f.eks. Ukraine og Syrien. Den nye nationalisme i Rusland og/eller Kina kan i kombination med økonomisk krise føre til udbruddet af en 3. verdenskrig, hvor ABC våben tages i anvendelse. ABC-våben dækker over atomvåben, biologiske våben (f.eks. spredning af sygdomme) og kemiske våben (f.eks. sennepsgas, som ellers er forbudt at bruge i krig).

"Prepperne" har tilsyneladende fat i noget, selv om deres forberedelser ved første øjekast kan forekomme at være symptomer på paranoia og begyndende sindssyge, og selv om de tydeligvis er mere materialistisk end åndeligt orienterede.

Malakias
Så lad os da være åndeligt orienterede et øjeblik.

Malakias var en irsk biskop, der levede i det 12. århundrede, og som under et pilgrimsbesøg i Rom faldt i trance og fremkom med profetier om 112 kommende paver på latin. Efter den 112. pave ville pavedømmets tid ifølge Malakias være forbi. Malakias' profetier, som består af en enkelt linie om hver enkelt pave har hidtil vist sig at være uhyggeligt præcise.

Om den nu afdøde pave Johannes Paul II (1920-2005) lyder profetien "De labore solis", dvs. "ud af solens arbejde", hvilket af nogle tolkes som: "fra solformørkelsen". Pave Johannes Paul II blev født den 8. maj 1920 under en solformørkelse. Andre fortolkninger af profetien betoner, at ligesom solen besøger alle lande på kloden efter tur, var denne pave meget glad for at rejse og besøgte katolske kirkesamfund i hele verden.

Om pave Benedikt XVI (født 1927, ophørte med at være pave i 2013) er profetien "Gloria Olivae", dvs. "til olivenens ære". Tydningen bliver først klar, når man ved, at benediktinerordenen i gamle dage blev kaldt olivenordenen, dvs. der er et sammenfald mellem pavens navn, Benedikt, og munkeordenens navn. Benedikt XVI er den 111. pave i denne sammenhæng.

Malakias slutter sine profetier med at sige, at under den 112. og sidste pave vil Rom blive ødelagt og "dommeren vil dømme folkeslagene". Den 112. pave er den nuværende pave Frans, som tiltrådte som pave i 2013.

Den tredje verdenskrig
Bogen "Vor verdens fremtid" (1984) af Inge Stoltenberg indeholder en række synske menneskers profetier om 1., 2. og 3. verdenskrig. Profetierne er troværdige, dels fordi de profetier, der omhandler 1. og 2. verdenskrig, allerede er gået i opfyldelse, dels fordi der er overensstem-

melse mellem deres beskrivelser af udbruddet, forløbet og varigheden af den 3. verdenskrig.

Inden jeg giver et sammendrag af profetierne, som alle siger, at det er Rusland, som starter den 3. verdenskrig, vil jeg gøre opmærksom på, at Inge Stoltenberg i sin bog ikke har fået alle detaljer med fra de synske menneskers profetier, f.eks. at Australien går helt fri af 3. verdenskrig, samt at Kina også er aktiv aggressor ved at invadere bl.a. Indien. Disse detaljer har jeg fundet frem ved at søge på de synske menneskers navne på Internet.

De 4 synske mennesker er:
- Anton Johansson (1858-1909), Sverige
- Matthias Lang (1753-1825), Tyskland
- Jomfru Fanny (1805-1881) Danmark
- Alois Irlmaier (1894-1959), Tyskland

Når krigen bryder ud, skal landene i Europa ikke regne med at modtage nogen hjælp fra USA, fordi USA vil være lammet af noget, der må tolkes som et atomangreb. Sådan et angreb vil være let at udføre fra f.eks. atombevæbnede ubåde i vor tid, hvor isen er ved at være smeltet på Nordpolen. De efterfølgende brandstorme vil ramme Canada ligeså hårdt som USA.

Lige før udbruddet af 3. verdenskrig vil politikerne udelukkende tale om fred (ligesom Hitler lovede Chamberlain "fred i vor tid" lige før 2. verdenskrigs udbrud), så det kommer som en total overraskelse for de fleste, når de russiske arméer en nat i sensommeren ruller ind i først Tyskland og derefter Frankrig. De tyske civile vil forsøge at flygte i deres biler via motorvejene, men de bliver mejet ned af den fremrykkende russiske hær - der er større chance for at overleve ved at blive hjemme.

I det hele taget er flere af de synske mennesker enige om, at man ikke kan flygte nogen steder hen, fordi hele verden vil være ramt af denne konflikt; kun Australien går helt fri. Tilsyneladende har Rusland koordineret sine krigshandlinger med Kina, som samtidig invaderer og besætter en lang række asiatiske lande, herunder Indien.

En eksplosion i Nordsøen, antageligt en atombombe, som ikke nåede frem til USA, vil skabe en kæmpemæssig tsunami-lignende bølge, som vil oversvømme og smadre London og føre til, at en del af Skotland synker i havet. Storbritannien vil aldrig igen herske over bølgerne, sådan som det hedder i omkvædet i den britiske nationalsang. Alle nordsøkysterne vil blive ramt af denne bølge: Norge, Danmark, Tyskland, Holland og Belgien, og det vil i det hele taget være en hård tid for søens folk.

I Frankrig udbryder der borgerkrig, idet landets kommunister allierer sig med russerne; Frankrig deles i en nordlig og en sydlig del, hvor kommunisterne vil befinde sig i den sydlige del. Fra Frankrig starter en altødelæggende krig i Spanien, hvor der tages nye og forfærdelige (biologisk-kemiske) våben i brug, idet russerne i disse kampe spreder hidtil ukendte sygdomme, der folk gør vanvittige. Disse sygdomme vil spredes til resten af verden som en smitte.

Et modangreb fra Afrika eller et et land i Mellemøsten afskærer russerne fra deres forsyningslinier, idet der fra fly spredes noget gult støv i en lige linie fra Prag til (antageligt) Stetin; alle mennesker, dyr og planter i denne zone dør, og der går i helt år, inden området kan betrædes. Det lyder umiddelbart som noget radioaktivt snavs!

Norge og Sverige invaderes fra nord af russerne. På dette tidspunkt vil de franske kommunister deltage aktivt i krigen på russernes side, idet de vil bombe bl.a. Göteborg og Malmö fra luften. Svenskerne, der i fredstid har nedrustet militæret lidt for meget i forhold til denne situation, tvinges til at indgå en våbenhvile og afstå store arealer land til russerne. Tilsyneladende går Danmark stort set fri, når man ser bort fra manglen på mad i København.

Italien bliver invaderet uden at der bliver gjort modstand, idet landets egne kommunister allerede har taget magten inden invasionen. Derpå starter et uhørt terror-regime, hvor kardinaler, biskopper, præster, munke og nonner tortures og henrettes i stort tal. Paven når dog at flygte til Schweitz.

Kort tid efter, at paven er flygtet, angiveligt ved juletid, oplever jorden en kosmisk katastrofe. Tolkninger af synerne peger på, at en komet eller et lignende himmellegeme passerer tæt forbi jorden, der indhylles i støv og giftige gasser. Jorden vil blive indhyllet i mørke i 3 dage, man kan ikke gå udenfor eller bare kigge ud af vinduerne uden at dø. Vinduer bør derfor mørklægges og forsegles. Al mad og alt vand, der står ude i det fri, vil blive forgiftet; man kan kun overleve ved at spise konserveret mad og vand fra flasker. I disse 3 dage vil der ikke være elektricitet; lys får man fra stearinlys. Der vil være jordskælv, lyn, torden og brusen fra havene. Efter 72 timer vil mareridtet være ovre, og klimaet vil have ændret sig, så Europa fra nu af har tropisk eller subtropisk klima.

Krigens afslutning og udfald

Krigen fortsætter dog af ubegribelige årsager. Der vil være opstået en europæisk modstandsbevægelse i det sydlige Tyskland og Østrig. I starten er den lille og ubetydelig, men den vil vokse i antal og styrke. Det kommer til to afgørende slag i Tyskland, dels ved Köln og dels ved et sted, som flere af de synske refererer til som "Birkenbaum", men som ingen rigtigt ved, hvor er ud over, at det er nær Essen eller Ulm.

Russerne taber begge slag, og en del af de russiske soldater drager nordpå og op igennem Jylland. Når de kommer til Sønderjylland, skal danskerne give dem mad og drikke for at undgå, at det kommer til voldsomheder. Efter 3 dage fortsætter de nordpå og bliver i Midtjylland slået af en dansk hær, først og fremmest fordi russerne, der jo er på flugt, er uden nogen form for kommando eller disciplin. Efter disse nederlag udbryder der revolution i Rusland, og til påske er der fred.

Denne verdenskrig bliver den korteste af de tre verdenskrige – men ud fra profetierne at dømme er det vanskeligt at afgøre, om krigen varer et halvt eller halvandet år. Efter denne krig vil der være fred i mange århundreder. Der vil være så få overlevende på jordens overflade, at alle kan få så meget land, de orker at dyrke. Den første tid efter krigen vil være vanskelig med mange sygdomme og hungersnød, men efterhånden kommer der mere styr på situationen. En ny ånd af næstekærlighed og retfærdighed vil herske fra nu af. De gamle religioners tid vil være forbi, i stedet vil alle have den samme tro, som er væsensforskellig fra de religioner, jordens befolkning hidtil har dyrket.

Datering

Det er muligt vha. astrologi meget præcist at fastslå udbruddet af denne 3. verdenskrig. Hvis vi antager, at profetierne har ret, og krigen bryder ud under den nuværende pave, er der et begrænset antal år at vælge imellem. Og hvis man - som jeg har gjort det - analyserer den planetcyklus, som udspiller sig mellem Pluto og Eris 5.000 tilbage, vil man kunne se, at Pluto-Eris cyklen viser imperiernes opkomst og fald. Næste gang, Pluto og Eris danner et afgørende aspekt, er i 2020, hvor Pluto og Eris danner kvadrat til hinanden. Spørgsmålet er så, om aspektet markerer krigens udbrud eller krigens forløb – så krigen bryder ud allerede i august 2019?

8. OM BALANCEN MELLEM SPIRITUALITET OG MATERIALISME

Astrologisk reference: Jupiter og Skytten

Nissen hos spækhøkeren

H.C. Andersen har skrevet et eventyr om "Nissen og spækhøkeren". Nissen bor hos spækhøkeren, som hver jul sørger for, at nissen får et fad grød med en stor klump smør i. Hos spækhøkeren bor også en fattig student. Da nissen skulle til at drille studenten, var sidstnævnte i færd med at læse en bog fyldt med poesi:

"Der var lys derinde, og nissen kiggede gennem nøglehullet og så, at studenten læste i den pjaltede bog nedefra. Men, hvor der var lyst derinde! Der stod ud af bogen en klar stråle, der blev til en stamme, til et mægtigt træ, som løftede sig så højt og bredte sine grene vidt ud over studenten. Hvert blad var så friskt og hver blomst var et dejligt pigehoved, nogle med øjne så mørke og strålende, andre så blå og forunderlige klare. Hver frugt var en skinnende stjerne, og så sang og klang det vidunderligt dejligt!"

Nissen blev så forbløffet, at den et øjeblik overvejede at slutte sig til studenten. Men studenten havde jo ingen grød, så nissen vendte tilbage til spækhøkeren. Men en gang imellem opsøgte han igen studenten:

"... så snart at lyset skinnede fra kvistkammeret, så var det ligesom om strålerne var stærke ankertove, der drog ham derop, og han måtte af sted og kigge ind af nøglehullet, og der ombruste ham da en storhed, som den vi føler ved det rullende hav, når Gud i stormen går hen over det, og han brast i gråd, han vidste ikke selv, hvorfor han græd, men der var i denne gråd noget så velsignet!"

En nat vågner nissen pga. voldsom larm, og nogen råber, at det brænder.

"... hver ville redde det bedste og det ville også den lille nisse, og i et par spring var han oppe ad trappen og inde hos studenten, som stod ganske rolig ved det åbne vindue og så ud på ilden, der var i genboens gård. Den lille nisse greb på bordet den vidunderlige bog, puttede den i sin røde hue og holdt på den med begge hænder, husets bedste skat var frelst! Og så fór han af sted, helt ud på taget, helt op på skorstenen og der sad han belyst af det brændende hus lige overfor og holdt med begge hænder på sin røde hue, hvori skatten lå. Nu kendte han sit hjertelag, hvem han egentlig hørte til; men da så ilden var slukket og han blev besindig, - ja: 'jeg vil dele mig imellem dem!' sagde han: 'jeg kan ikke rent slippe spækhøkeren for grødens skyld!'"

Men kan vi dele os på den måde? I Mat 6,24 siger Jesus: "Ingen kan tjene to herrer. Han vil enten hade den ene og elske den anden eller holde sig til den ene og ringeagte den anden. I kan ikke tjene både Gud og mammon." (Mammon er et aramæisk ord for penge og materiel rigdom; ordet bruges i sammenhænge, hvor penge og rigdom som en anden gud styrer et menneskes liv og handlinger.)

En gang i mellem bringes vi i situationer, hvor vi tvinges til at vælge mellem grød og poesi, mellem på den ene side et job og penge og på den anden side etik og moral. Hvad vil du med dit liv? Vil du nøjes med at overleve - eller leve ægte og autentisk? I sidstnævnte tilfælde tvinges du sommetider til at risikere noget af din materielle tryghed. "Mennesket lever ikke af brød alene, men af hvert ord, der udgår af Guds mund," siger Jesus i Luk 4,4. Der findes noget større og bedre end det, der kan ses med det blotte øje, og det er dette usynlige element, der holder os oppe.

Nisser
Som barn elskede og dyrkede jeg julen og alt, hvad der fulgte med. Resten af året var kedeligt og gråt, men når december måned startede, kom der liv og glade dage. Forventningen om julegaver og god mad trak jo heller ikke ligefrem fra. Med barnlig naivitet elskede jeg historier om og billeder af nisser. På et tidspunkt forsøgte jeg at forstå nisser-

nes historiske oprindelse gennem bøger fra biblioteket, men her kom jeg til kort.

Først som voksen forstod jeg, at nisserne repræsenterede de afdøde forfædres ånder. Det er, som når Disney's Pocahontas kommunikerer med sin afdøde bedstemors ånd eller som når katoliker beder til en helgen. Dyrkelse af forfædrenes ånder er den første og mest primitive religionsform af alle, det er hefra, alle religioner har deres udspring.

I Thailand er flertallet buddhister. Hvert eneste hus har et lille hustempel, i hvilket der stilles mad, spiritus og blomster frem, angiveligt til Buddha. Der er her en direkte parallel til, når vi ved julitid stiller grød frem til nissen – en skik, som går helt tilbage til de danske stenalderbønder. Selvfølgelig har vores afdøde forfædres ånder ikke brug for hverken grød, spiritus eller blomster, men med dette offer, hvis man kan kalde det sådan, viser vi, at vi ærer og respekterer dem, der gik forud for os.

Thaierne kalder deres husånder Buddha, og vi kalder dem nisser. I begge tilfælde er der tale om en fortrængning, som signalerer, at vi med dyrkelsen af disse ånder ikke ønsker at udfordre magthavernes religion, hvis formål det er at skabe underkastelse og enhed i folket, hvad enten det nu gælder thaiernes buddhisme eller vores folkekirkekristendom.

Når disse skikke har overlevet frem til i dag i den ene eller den anden form, er det fordi de stadig har en berettigelse og et budskab. Meningen bag ofringerne til husånden er, at de mennesker, som bibeholder kontakten til den spirituelle verden, som bebos af forfædrenes ånder, og som vi selv flytter til, når vores jordiske liv er forbi, har de lykkeligste liv.

Mørket og lyset
Min barndom og ungdom var ikke entydigt lykkelige. Hver sommer blev jeg og min bror sendt på Luthersk Mission's sommerlejr, hvor vi blev indoktrineret med bevægelsens ideologi, som er en slags højreorienteret fundamentalistisk kristendom, hvor alle dogmer og læresætnin-

ger uddrages af de hellige skrifter. Luthersk Missions medlemmer er den type kristne, som er modstandere af fri abort, kvindelige præster og homoseksualitet. Som barn oplevede jeg at blive splittet mellem på den ene side min umiddelbare og instinktive opfattelse af tingene og på den anden side den religiøse lære, jeg blev opflasket med, og som jeg dengang valgte at følge af frygt for evig fordømmelse i det hinsides. Heldigvis er jeg blevet klogere (og dermed et gladere menneske) siden da.

I dag forstår jeg, at disse manipulerende missionærer for langt størstepartens vedkommende svarede til de skriftkloge og farisæere, som Jesus havde så mange diskussioner med. Prædikanterne fra Luthersk Mission viste os hverken hjerte eller kærlighed, når de dundrede mod f.eks. kvindelige præster, palæstinensere eller Harry Potter. Hvis de havde kendt til min store kærlighed til nisser, ville de helt sikkert have fordømt den som afgudsdyrkelse. I stedet for at prædike om den gammeltestamentelige vrede stammegud, Jahve, og alle krigene og myrderierne i Det Gamle Testamente, burde de have lært os børn at skabe kontakt til vores egen indre spiritualitet jævnfør Johs 3,1-8:

"Der var et menneske, en af farisæerne, ved navn Nikodemus, medlem af jødernes råd. Han kom til Jesus om natten og sagde til ham: 'Rabbi, vi ved, du er en lærer, der er kommet fra Gud; for ingen kan gøre de tegn, du gør, uden at Gud er med ham.' Jesus svarede ham: 'Sandelig, sandelig siger jeg dig: Den, der ikke bliver født på ny, kan ikke se Guds rige.' Nikodemus sagde til ham: 'Hvordan kan et menneske fødes, når det er gammelt? Det kan da ikke for anden gang komme ind i sin mors liv og fødes?' Jesus svarede: 'Sandelig, sandelig siger jeg dig: Den, der ikke bliver født af vand og ånd, kan ikke komme ind i Guds rige. Det, der er født af kødet, er kød, og det, der er født af Ånden, er ånd. Du skal ikke undre dig over, at jeg sagde til dig: I må fødes på ny. Vinden blæser, hvorhen den vil, og du hører den suse, men du ved ikke, hvor den kommer fra, og hvor den farer hen. Sådan er det med enhver, som er født af Ånden.'"

Og lidt senere, da Jesus diskuterer de samme spørgsmål med en samaritansk kvinde, lyder det: "Jesus svarede hende: 'Enhver, som drikker af dette vand, skal tørste igen. Men den, der drikker af det vand, jeg vil give ham, skal aldrig i evighed tørste. Det vand, jeg vil give ham, skal i ham blive en kilde, som vælder med vand til evigt liv.'" (Johs 4,13-14) Det vand, som Jesus taler om her, er præcis det samme, som nissen i H.C. Andersens eventyr så som "et mægtigt træ, som løftede sig så højt og bredte sine grene vidt ud over studenten." Men dette vand kan ikke beskrives med ord, kun med billeder, med lignelser og i musik.

Min pointe er, at der ikke er nogen modsætning mellem nisserne og Jesus. Begge repræsenterer på hver deres måde den åndelige virkelighed, vi også i vor tid har så desperat meget brug for at være i kontakt med. Uden kontakt til den åndelige verden går vi under, f.eks. ved at blive depressive, sindssyge, alkoholiserede eller fysisk syge på anden vis.

Kristendommen står ikke i modsætning til stenalderbondens dyrkelse af forfædrenes ånder – i stedet er der sammenhæng og kontinuitet mellem disse to fænomener. Inde på Rådhuspladsen står en statue af H.C. Andersen. Statuen er stillet op, fordi vi i vores kultur ærer hans ånd, hvilket svarer til at stenalderbonden ærede sine forfædres ånder ved at stille grød frem til dem. Alligevel er der ingen, heller ikke mørkemændene fra Luthersk Missionsforening, der i ramme alvor kalder opstillingen af en statue af H.C. Andersen for afgudsdyrkelse.

Selv om vi elsker den åndelige verden, kommer vi først fuldt og helt hjem til den, når livet er forbi. Vi kan ikke bare stikke af fra den fysisk-materielle virkelighed – selv om nogen mennesker gør et ihærdigt forsøg, når de f.eks. drikker sig sanseløst berusede en gang imellem. Mens vi er her, har vi en opgave, som vi skal løse, og så længe vi lever, sker det på den fysiske verdens præmisser. Vi må altså, som H.C. Andersen skriver det, finde en balance mellem poesi og grød, mellem åndens og kroppens behov.

Den astrologiske vinkel
I astrologien kommer denne balance til udtryk i Jupiter og Skytten, som i tarok-kortene er associeret med "temperance", dvs. mådehold. Vi fej-

rer nisserne, når Solen går ind i Skyttens tegn, og i H.C. Andersens horoskop kommer den stærkeste indflydelse fra Jupiter og Skytten.

Jupiter og Skytten repræsenterer i astrologien "etableret religion", dvs. skikke og religiøse handlinger, som dækker over dybe åndelige sandheder og mysterier, som repræsenteres af Neptun og Fiskene. Når vi beder en bøn eller udfører et religiøst ritual, som set udefra kan forekomme meningsløst, etablerer vi en kontakt til den åndelige verden, der holder os oppe. Man kan også sige det sådan, at Skytten og Jupiter repræsenterer H.C. Andersens eventyr, når de er "fortalte for børn", mens Neptun og Fiskene repræsenterer de samme eventyr, når de er "skrevet for voksne".

9. OM AT GØRE OPRØR OG SKABE FORANDRING

Astrologisk reference: Uranus og Vandbæreren

Prometheus
I græsk mytologi var Prometheus en af titanerne, som blev forvist til verdensdybet. Det var Prometheus, som skabte en mand af ler og blæste liv i ham. Da Zeus frygtede, at manden ville overgå ham en dag, skabte han til gengæld en kvinde i Athenes billede, hun fik navnet Pandora. Zeus sørgede for, at Pandora fik egenskaber, der gjorde, at selv om hun ville kunne besejre en mand, ville hun aldrig kunne overgå en gud.

Guden Epimetheus gav Pandora en æske (egentligt var det en krukke), som han dog advarede hende imod at åbne. En dag tog hendes nysgerrighed overhånd, så hun alligevel åbnede æsken. Alle verdens plager slap ud af æsken: Sult, sygdom, sorg, fattigdom, kriminalitet, osv. Kun håbet blev tilbage. NB! Denne historie er ofte blevet brugt til at begrunde, hvorfor kvinder skulle have en mindre fremtrædende rolle i samfundet end mændene.

Prometheus er mest kendt for at være den, som stjal ilden fra smedeguden Hefaistos på Olympen og gav den til mennesket. Som straf for dette tyveri lænkede Zeus ham nøgen til en klippe og sendte en ørn af sted mod ham for at den skulle æde hans lever, en meget smertefuld straf. Hver nat voksede leveren ud igen, og hver dag kom ørnen og pinte ham igen. Meningen er selvfølgelig at demonstrere for alle, at man ikke ustraffet gør oprør mod de guder, der styrer denne verden.

Uranus
Ifølge kulturhistoriker og astrolog Richard Tarnas' (født 1950) bog "Prometheus the Awakener" (1995) er er Prometheus-skikkelsen astrologisk knyttet til Uranus/Vandbærer-typen. Det er her, man finder forskere (f.eks. Galileo Galilei, Charles Darwin, Isaac Newton), opfindere og ingeniører (f.eks. Alan Turing, Leonardo da Vinci, Enzo Ferrari) og i det hele taget sådanne mennesker, der arbejder for at lette menneskets

kår (f.eks. Abraham Lincoln, Oprah Winfrey). Der findes også en del kulturoprørere i denne kategori (f.eks. Wolgang Amadeus Mozart, Gertrude Stein, Zsa Zsa Gabor).

Det er selvfølgelig ironisk, at én og samme astrologiske arketype rummer både oprøreren (i form af menneskets bedste ven, Prometheus) og undertrykkeren (i form af himmelguden Uranus). I forhold til den sidstnævnte kategori finder man også en del politiske diktatorer, f.eks. den russiske Joseph Stalin og den rumænske Nicolae Ceausescu. Isaac Newton rummede angiveligt begge kategorier; da han først blev anerkendt for sine videnskabelige opdagelser, opførte han sig som en utålelig diktator overfor andre forskere og akademikere. Eller som det blev sagt om den franske revolution: Revolutionen æder sine egne børn.

Det er da også almindeligt kendt og anerkendt blandt astrologer, at de terrorangreb, som vi oplever så mange af i vor tid, typisk finder sted, når der er udfordrende kollektive aspekter til Uranus.

Richard Tarnas har også pvist, at det er når planeten Uranus danner vigtige aspekter i en persons fremtidshoroskop, at han eller hun gør vigtige opdagelser, opfindelser eller oprør. F.eks. publicerede Isaac Newton bogen "Principia", i hvilken han formulerede lovene omkring tyngdekraften, massetiltrækning, og legemers bevægelse i 1687, da Uranus stod overfor Uranus i hans fødselshoroskop. Bogen regnes for at være et af de mest betydningsfulde videnskabelige værker nogensinde.

I november 1919 bekendtgjorde "the Royal Society in London", at dets ekspedition til Principle Island tidligere på året med det formål at fotografere en total solformørkelse nu havde gennemgået alle de nødvendige beregninger og konstateret, at de understøttede Albert Einsteins relativitetsteori. Fra den ene dag til den anden blev Albert Einstein verdensberømt. Uranus stod overfor Albert Einstein's Uranus i fødselshoroskopet i årene 1918-1921.

Tarnas oplister i sin bog en lang række af lignende historiske eksempler, som jeg dog ikke vil trætte læseren med her. Tarnas gør en dyd ud af at understrege, at den Prometheus-effekt vi ser demonstreret i kendte og berømte menneskers liv også finder sted i mere almindelige menneskers liv, omend knap så spektakulært.

Oprør og revolution
Endelig påviser Tarnas, hvordan Prometheus manifesterede sig i ungdomsoprøret i 1960'erne, da Uranus og Pluto var i konjunktion. Over hele kloden var der revolutioner, og man talte om en ny æra, der dog hurtigt fik en ende i 1970'erne. Samtidig oplevede meneskeheden en række teknologiske fremskridt, som fik sit mest ekstreme udtryk ved, at et menneske landede på Månen den 20. juli 1969. Da Berlin-muren faldt i 1990 samtidig med en Uranus-Neptun konjunktion var der et andet oprør i gang, og også i dette tilfælde forandredes hele verden for en stund.

Men hvad med straffen for at stjæle ilden fra guderne? Ja, den ser vi også, både individuelt og kollektivt. Galileo Galilei blev f.eks. retsforfulgt og sat i livsvarig stuearrest af den katolske kirke. Charles Darwin led af en smertefuld sygdom, som plagede ham hele livet – de lærde diskuterer stadig, hvilken sygdom, det handlede om. Matematikeren Alan Turing blev retsforfulgt for at være homoseksuel og medicinsk kastereret – i sidste ende begik han selvmord inspireret af Disney's film om Snehvide ved at spise et forgiftet æble. Samme æble er siden dukket op i firmaet Apple's navn og logo for at Alan Turing's lidelseshistorie ikke skal gå i glemmebogen.

På samme måde med revolutionerne. Den franske revolution og den russiske revolution taler for sig selv, det samme gør Mao's kulturrevolution i 1960'erne. Efter Berlin-murens fald i 1990 havde folk store forhåbninger – men de fleste blev slukket i den efterfølgende frie markedsøkonomi, der gav frit spil for forbryderiske organisationer til f.eks. pyramidespil i Albanien og menneskehandel i fattige østeuropæiske lande generelt.

Hårde tider og længsler

Generelt er det sådan, at når Uranus danner hårde aspekter i en persons fremtidshoroskop, ja, så resulterer det i de fleste tilfælde også i "hårde tider" i den betydning, som forfatteren Charles Dickens har lagt i ordene i de fleste af de romaner, han skrev om den tidlige industriliserings England. Det er under et sådant pres, at individet mere end ellers er villig til at eksperimentere med sit liv og forsøge at realisere sine håb. Nød lærer som bekendt nøgen kvinde at spinde.

Forfatteren Henry Miller beskriver i bogen "Krebsens Vendekreds" "hårde tider" denne måde: Når du sulter og lever på gaden, så drømmer du ikke om at spise jævne leverpostejmadder og havregrød og et samleje med en prostitueret. Nej, så fantaserer du om overdådige måltider af superlækker mad efterfulgt af løssluppen sex med grevinder og baronesser!

En kvinde ramte Uranus' tone ganske godt med følgende opslag på Facebook:

"Se dig omkring. Hvor mange mennesker tror du falder til ro og accepterer at nøjes? Sikkert en Helvedes masse. Mennesker nøjes med acceptable kærlighedsforhold, acceptable jobs, acceptable venner og et acceptabelt liv. Det er alt sammen 'godt nok'. Hvorfor gør de det? Fordi det er komfortabelt. Regningerne bliver betalt, og sengen bliver holdt varm om natten. Men 'godt nok' er ikke det samme som lidenskab, 'godt nok' forandrer ikke dit liv, og 'godt nok' giver dig ikke uforglemmelige minder. 'Godt nok' er ikke grund nok til at risikere alt, hvad du har i håbet om, at der vil ske en fantastisk og mirakuløs forandring i dit liv."

10. OM VERDENS BEDRAG

Astrologisk reference: Merkur og Tvillingerne

Den lidende gud

Der er et bestemt religiøst-mytologisk motiv, som dukker op igen og igen i vidt forskellige kontekster: Kristendommens Jesus, der henrettes på et kors. Den græske mytologis Prometheus, der lænkes til en klippe og pines. Den nordiske mytologis Loke, som lænkes i en klippehule og pines med gift, der drypper ned på ham fra en slange. Er der her tale om den samme arketype – eller tre forskellige arketyper? Og er der en forbindelse mellem disse 3 lidende mandspersoner og så de senere hekseforfølgelser?

Jeg opfatter Jesus-figuren som en Saturn/Stenbuk type. Traditionen tilsiger, at han blev født 24. december, dvs. med Solen i Stenbukkens tegn. Stenbukkens mennesker fødes og lever ofte (men ikke altid) deres liv i materiel fattigdom – det passer i hvert fald på Jesus, som mest var sammen med de fattige og ikke ligefrem var venner med de rige og de mægtige. Desuden repæsenterer Jesus en parallel til jødernes rituale med en "syndebuk", hvor folkets synder symbolsk blev overført til en gedebuk, som derpå blev sluppet fri i ørkenen.

Prometheus er en Uranus/Vandbærer type. Han stjal ilden fra guderne og gav den til menneskene på samme måde, som mennesker med Uranus og/eller Vandbæreren fremhævet i deres horoskoper har en tendens til at gøre opdagelser, opfindelser eller oprør, som gavner hele menneskeheden.

Fællesnævneren mellem Stenbukken og Vandbærerens tegn er nedfældet i den astrologiske tradition: I gamle dage, før Uranus blev opdaget, hvilket skete i 1781, kendte og brugte astrologerne kun 7 himmellegemer: Solen, Månen, Merkur, Venus, Mars, Jupiter og Saturn, og Saturn herskede over (dvs. repræsenterede) både Stenbukken og Vandbæreren.

Overfor Stenbukken og Vandbæreren befinder sig Krebsen og Vandbæreren, hvor Solen er stærk, selv om den formelle fordeling er, at Krebsen styres af Månen og Løven styres af Solen. Man kan godt sige, at Krebsen og Løven er sommerferietegnene, idet Solen befinder sig i disse to tegn, når skolebørnene har ferie. Solen repræsenterer både børn og ferie i astrologien. De øvrige 5 planeter havde hver to tegn at herske over, et dagtegn og et nattegn, hvilket svarer til Solens herskerskab over dagtegnet Løven og Månens herskeskab over nattegnet Krebsen.

Loke

Så vidt forbindelsen mellem Uranus og Saturn. Loke har også en forbindelse til Saturn. Ugens syv dage er nemlig navngivet efter astrologiens oprindelige syv planeter:

- Søndag (engelsk: Sunday): Solen
- Mandag (engelsk: Monday): Månen
- Tirsdag (fransk: Mardi): Mars
- Onsdag (fransk: Mercredi): Merkur
- Torsdag (fransk: Jeudi): Jupiter
- Fredag (fransk: Vendredi): Venus
- Lørdag (engelsk: Saturday): Saturn

Det er min egen opfattelse, at det danske "lørdag" kan føres tilbage til "Lokes dag", dvs. her er der en direkte forbindelse mellem Loke og Saturn.

Loke er besynderlig og modsætningsfuld. På den ene side er han en af guderne. På den anden side er han oprindeligt en jætte. Denne dobbelthed kommer til udtryk i fortællingen om besøget hos jætten Udgårds-Loke, hvor navnesammenfaldet mere end antyder, at Loke og Udgårds-Loke er en og samme person, selv om de optræder som to forskellige personer.

Loke er ligesom Saturn en slags grænsevogter mellem den indre og den ydre verden. Men Loke er også en grænsegænger; han er den eneste af de nordiske guder, som færdedes frit mellem de tre verdener: Asgård, hvor guderne boede, Midgård, hvor menneskene boede og Udgård, hvor jætterne boede.

"... han var oprindelig jætte, og det kunne stadig mærkes, selv om det var så længe siden, han var gået over til guderne, at ingen huskede det, undtagen naturligvis Odin selv. Mens guderne ellers anså jætterne for meget dummere end de selv, havde de svært ved at hamle op med Loke. Han kunne også noget, som de ikke kunne, men som nogle jætter kunne: Skifte skikkelse og gøre sig til forskellige dyr, ja, han kunne endog skabe andre om, og de andre var lidt bange for ham. Men guderne benyttede sig af Lokes forvandlingsevner og sendte ham sommetider over til jætterne for at udspionere dem i skikkelse af en fugl – nogle af dem havde rigtignok en mistanke om, at jætterne benyttede ham på samme måde. Måske følte Loke sig ikke rigtigt accepteret af guderne, fordi han var halvt jætte, og det var måske derfor han så tit drillede og spottede dem." (citat fra "Ragnarok - en gudefortælling" af Villy Sørensen)

Hermes

I den nordiske mytologi tilskrives Loke imidlertid en lang række egenskaber, som astrologerne normalt ikke forbinder med Saturn. Han er foranderlig, tvetydig, intelligent, svigagtig, lumsk, listig, rådsnar og drilagtig. Sådanne egenskaber er i græsk mytologi forbundet med Hermes, der hos romerne kaldtes Merkur.

I den græske mytologi er Hermes frugten af et forhold mellem Zeus og nymfen Maia. Han blev født i en hule i Arkadien. Han var et meget fremmeligt barn, for samme dag stak han af fra sin vugge. Han fandt en skildpadde som han dræbte; af skjoldet og fåretarme skabte han en lyre, som er en slags musikinstrument. Senere samme dag stjal han en flok køer, som tilhørte Apollon. Han drev dem ind i sin klippehule og lagde sig igen til at sove i sin vugge. Da Apollon fik opklaret tyveriet, trak han Hermes med til Olympen for at lade Zeus dømme i sagen. Zeus morede sig kosteligt over historien og bestemte, at Hermes kunne beholde køerne mod at overlade lyren til Apollon. Hermes blev dermed gud for tyve og købmænd samt hyrder, mens Apollon fik musik som et af sine domæner. Da Hermes senere selv fik en søn, Pan, overlod han det til Pan at være hyrdernes gud.

Hermes er gudernes sendebud. Som den eneste af guderne bevæger han sig (ligesom Loke) frit mellem tre verdener: Olympen, hvor guderne bor, menneskenes verden og så Hades, dødsriget.

Pan
Men Hermes har en søn, naturguden Pan, associeres i astrologien ofte med Saturn og Stenbukken, f.eks. afbildes Pan med bukkehorn og -ben. Dermed er der igen etableret en (indirekte) forbindelse mellem Loke og Saturn/Stenbuk.

Bukkehorn og -ben finder vi også på afbildinger af en anden mytologisk person, som har mange navne: Fanden, Djævlen og Satan. Ordet "Satan" er hebræisk og betyder blot modstander, underforstået: Guds modstander. Men mon ikke der er en sproglig forbindelse mellem "Satan" og "Saturn"? Hvor Jupiter repræsenterer i astrologien Gud og alt det gode og populære, repræsenterer Saturn det modsatte. Alligevel siger traditionen, at Jesus, Guds søn og repræsentant for alt godt, blev født i Saturns tegn, Stenbukken.

Heksene blev forfulgt, fordi de angiveligt havde indgået en pagt med Djævlen, dvs. Saturn. Så måtte heksene logisk set være onde, og derfor blev de brændt. Men i bagklogskabens klare lys kan vi nu se, at det ikke var heksene, som var onde; det var derimod de mennesker, som brændte hekse.

Hekse-forfølgelserne
Astrologisk har jeg med statistiske optællinger kunnet konstatere, at Merkur/Tvillingerne er fremhævet hos mennesker, der skriver bøger og optræder som undervisere for andre. Denne planet-type omfatter også jurister og alle former for religiøse ledere, præster, munke og nonner. De, der opildnede folk til hekseforfølgelser skal altså findes blandt Merkur/Tvilling-typerne.

Astrologerne Louise Kirsebom og Johan Hjelmborg har skrevet bogen "Merkur - roller og forvandlinger". Det er en eminent bog, som beskriver samspillet mellem Merkur og Solen, men den er for teknisk til, at jeg kan referere indholdet her. Dog er der ét enkelt Merkur-fænomen, som fortjener omtale i denne sammenhæng.

Set fra jorden befinder Solen og Merkur sig samme sted 6 gange om året. De 3 gange bevæger Merkur sig forlæns (set fra jorden); da befinder Merkur sig foran Solen. De andre 3 gange bevæger Merkur sig baglæns (set fra jorden); da befinder Merkur sig bagved Solen. Når Merkur er i denne position, taler man om, at Merkur er "forbrændt". En forbrændt Merkur indikerer en krise af en eller anden slags, sommetider en ildebrand i bogstavelig forstand. Det er vanskeligt ikke at forbinde den "forbrændte" Merkur med hekseforfølgelserne, eftersom heksene jo blev brændt på bål.

Her er bogens indledende beskrivelse af kriser foranlediget af en forbrændt Merkur:

"Så snart forbrændingen er der, er der ikke længere tid til at reflektere og analysere. Nu er Merkur afhængig af sin snarrådighed og af at kunne reagere spontant på en hensigtsmæssig måde, ellers 'brænder den fingrene'. I dagene omkring forbrændingen hersker der stress. Der er hele tiden noget, der skulle have været klaret i går. Vi taler her også om 'kortslutnings-' eller 'eksamensangst-'graderne. Denne Merkur er til tider meget autoritetstro – og i så tilfælde med god grund. 'Terningerne er kastet', 'lavinen ruller', afregningens tid er kommet."

Fanden
Som barn lærte jeg af de voksne, at jeg ikke måtte bande. Det var næsten det værste man kunne gøre. At bande var sådan noget som at sige "for Fanden", "sgu", og så "ind i Helvede". De voksne formåede således at indgyde os børn angst for ham Satan og generelt gøre alt, hvad der kunne associeres med ham, tabubelagt.

Men i vor tid ophæver vi stort set alle tabuer. Så lad os benytte denne lejlighed til at undersøge Djævlen nærmere! Det kunne jo være, at sådan en undersøgelse kunne befri os fra noget angst eller nogen dæmoner. Eller endnu bedre: Sådan en undersøgelse kunne fungere som en vaccination, der forhindrede os i nogensinde selv at forfølge eller brænde hekse.

Der findes utallige folkelige sagn og eventyr om Fanden og Djævlen - samt mundheld som f.eks. "at male Fanden på væggen", "Djævlen ligger i detaljen", "at læse og forstå noget, som Fanden læser Biblen". Der er selvfølgelig også lavet teater og film om den onde, f.eks. Johann Wolfgang von Goethe's "Faust" eller Hollywood-filmen "Forhekset" (original-titel: "Bedazzled") med den fortryllende Elizabeth Hurley i hovedrollen som Satan selv.

Rammehistorien er altid den samme: Fanden kan opfylde dine inderste ønsker, hvis du blot underskriver en kontrakt med ham, hvori det fremgår, at du til sidst skal betale ham med din sjæl, dvs. din sjæl hjemfalder til Helvedes evige pinsler som tak for jordiske gaver. Undervejs gælder det for hovedpersonen om at finde et smuthul i kontrakten eller på anden vis narre den onde, som ikke altid er for snu. Sommetider lykkes det kun at vride sig ud af kontrakten med Guds (læs: Jupiter's) hjælp.

Kan du se perspektivet: Historierne om Fanden handler ganske vist om den bukkehornede, dvs. Saturn/Stenbukke-arketypen, men hovedpersonen, som forstår at narre Satan og samtidig få os alle til at more os over det, er selvfølgelig en Merkur/Tvilling-arketype. Når så dertil lægges, at historierne om Fanden ofte oplyser, at Fanden altid bor i den lokale kirke, er der et eller andet, der skurrer i ørerne. For normalt forbinder vi jo kirken med præsten – og ikke ham den anden. Det hyppigste fødselstegn blandt præster er Tvillingernes tegn, hvor Merkur hersker.

Dr. Jekyll og Mr. Hyde
Tvillingernes tegn er et dobbelt tegn. Der er to tvillinger, to søskende. Astrologen Linda Goodman beskriver mennesker født i Tvillingernes

tegn som om de har to eller flere personligheder i samme menneske, og disse personligheder skiftes til at poppe frem.

I mytologien handler Tvillingernes tegn ofte om dualiteten mellem krop og sjæl, f.eks. i Mat. 24,40-41: "Da skal der være to mænd ude på marken; den ene tages med, og den anden lades tilbage. To kvinder skal male på samme kværn; den ene tages med, og den anden lades tilbage." Man kan oversætte det til eller fortolke det som, at når kroppen dør, lever sjælen videre.

Men som regel er der i myterne om tvillinger eller søskendepar to personer, som er diametralt forskellige fra hinanden, den ene mørk, den anden lys, den ene god, den anden ond. Det gælder således historien om Kain og Abel i 1 Mos 4,1-16 og til en vis grad også historien om Romulus og Remus, der sammen grundlagde Rom, hvorefter de kom i slagsmål med hinanden, og det endte med at Romulus dræbte Remus.

Den ultimative tvillinge-historie er Robert Louis Stevenson's (1850-1894) historie om "Dr. Jekyll og Mr. Hyde". Dr. Jekyll er den respektable læge, der hjælper mennesker, mens Mr. Hyde er den opfarende, samvittighedsløse og menneskesky forbryder. I løbet af fortællingen kommer det frem, at Dr. Jekyll og Mr. Hyde er én og samme person; dr. Jekyll har opfundet en mikstur, som kan befri hans undertrykte natur. Når han drikker miksturen, forvandles han for en stund til sin egen modsætning. Det dramatiske spørgsmål, der rejses undervejs, er hvem af de to, der til sidst skal gå af med sejren.

Fortrængning og projektion

Astrolog Birthe Kirk beskrev, mens hun var redaktør for astrologibladet Stjernerne, i en artikel en relativt simpel teknik til at komme i kontakt med sin undertrykte natur. Jeg har selv med stor succés undervist i teknikken på kurser i astrologi.

Sådan gjorde jeg: Jeg fortalte kursisterne, at deres individuelle horoskop kunne vise, hvilken type partner, de ville være tilbøjelig til at falde for i kærlighedsforhold. Men for at vi kunne teste astrologien, ville jeg bede alle kursisterne om at bruge 5-10 minutter på med stikord at beskrive de ting, der fandt særligt tiltrækkende hos en potentiel partner. Desuden skulle de bruge 5-10 minutter på at beskrive de ting, de absolut ikke brød sig om hos andre mennesker generelt.

Når så øvelsen var forbi, bekendtgjorde jeg, at jeg havde narret dem alle, i hvert fald delvis. Den beskrivelse, de havde for sig, var en meget præcis beskrivelse af dem selv på godt og ondt. Den indeholdt nemlig alt det, de havde fortrængt, fordi de af en eller anden grund ikke ville vedkende sig disse egenskaber. Sådanne fortrængninger projicerer vi over på andre mennesker. Når kursisterne havde sundet sig lidt på den besked, plejede vi at gå i gang med at undersøge, hvad de individuelle horoskoper faktisk sagde om horoskopindehavernes indre partner – så det var ikke lyv det hele.

På et kursus var der imidlertid en kvinde, som protesterede heftigt, da jeg sagde, at hun netop havde beskrevet sig selv: "Jeg stjæler i hvert fald ikke!" sagde hun. Jeg smilede roligt og spurgte hende så: "Hvorfor gør det dig så ophidset, når andre mennesker stjæler?" Hun forklarede, at hun lige havde boet sammen med en bofælle, som hun til sidst smed ud, fordi hun stjal. Kvinden sluttede triumferende beretningen med disse ord: "Som erstatning for alt det, hun havde stjålet fra mig, beholdt jeg hendes dyne!" Total stilhed. Så forstod hun...

Når hinduerne siger, at det onde ikke findes, og at vores oplevelse af ondskab i verden er en illusion, som vi må frigøre os fra, har de naturligvis ret på et eller andet plan. Men jeg kan nu bedre lide formuleringen i Mat 7,3-5: "Hvorfor ser du splinten i din broders øje, men lægger ikke mærke til bjælken i dit eget øje? Eller hvordan kan du sige til din broder: Lad mig tage splinten ud af dit øje! og så er der en bjælke i dit eget øje? Hykler, tag først bjælken ud af dit eget øje; så kan du se klart nok til at tage splinten ud af din broders øje."

11. DET KVINDELIGE

Astrologisk reference: Venus og Vægten

Gnostikerne

I 1945 blev der i Nag Hammadi i Egypten fundet en række gnostiske skrifter, bl.a. Thomasevangeliet, som både har passager til fælles med de 4 evangelier i Det Nye Testamente, og som samtidig skiller sig radikalt ud fra dem. Thomasevangeliet er et såkaldt "apokryf" skrift, dvs. det er aldrig blevet anerkendt som et "helligt" skrift, som man kan forkynde ud fra. Alligevel er vi mange, som henter stor inspiration fra Thomasevangeliet.

Gnostikerne var en slags filosoffer eller visdomsdyrkere, som fandtes både blandt kristne og såkaldte hedninge. Set fra et astrologisk perspektiv er det spændende, at gnostikerne åbenlyst beskæftigede sig med astrologi, mens den katolske kirke i Rom op i gennem historien har haft et ambivalent forhold til astrologien. På den ene side fordømte man officielt astrologi, på den anden side har der kontinuerligt været præster, biskopper og paver, som udøvede den astrologiske kunst.

Men uanset om gnostikerne var kristne eller hedninge, havde de visse fællestræk, f.eks. var mænd og kvinder lige hos dem. Det kan f.eks. ses af Thomasevangeliets slutning, hvor der står:

"Simon Peter sagde til dem: 'Lad Maria gå væk fra os; kvinder er ikke værdige til livet.' Jesus sagde: 'Se, jeg skal lede hende, så jeg vil anse hende for en mand, for hun skal også være en levende ånd, lige med jer mænd. For enhver kvinde, der anser sig selv for mand, skal gå ind i himlenes rige.'" (Thomasevangeliet 114)

Thunder, Perfect Mind

Blandt Nag Hammadi-skrifterne findes et andet meget smukt og tankevækkende digt, som på engelsk kaldes "Thunder, Perfect Mind". Da jeg sidst søgte efter skriftet på Internet, kunne jeg ikke finde nogen dansk oversættelse, derimod var der mange hits med den engelske oversættelse foretaget af George W. MacRae. Denne engelske oversættelse har jeg taget mig den frihed at oversætte til dansk, så læseren selv kan vurdere indholdet af udvalgte passager.

Digtet er meget langt, så jeg kan ikke bringe det hele her. Her er i hvert fald nogle smagsprøver:

"For jeg er den første og den sidste.
Jeg er den højt ærede og den foragtede.
Jeg er skøgen og den hellige.
Jeg er hustruen og jomfruen.
Jeg er [moderen] og datteren.
Jeg er den golde, og mange er hendes sønner.
Jeg er den, hvis bryllup er storslået,
og jeg har ikke taget nogen mand.
Jeg er jordmoderen og den, der ikke føder.
Jeg er lindringen af mine fødselsveer."

"Hvorfor, I, som hader mig, elsker I mig,
og hader dem, som elsker mig?
I, som fornægter mig, bekender mig,
og I, som bekender mig, fornægter mig.
I, som fortæller sandheden om mig, lyver om mig,
og I, som har løjet om mig, siger sandheden om mig.
I, som kender mig, vær uvidende om mig,
og de, som ikke har kendt mig, lad dem kende mig.

For jeg er kundskab og uvidenhed.
Jeg er skam og dristighed.
Jeg er skamløs; jeg er beskæmmet.
Jeg er styrke, og jeg er frygt.
Jeg er krig og jeg er fred.
Giv agt på mig.
Jeg er den, der er vanæret og den, der er ophøjet."

"For mange er de behagelige former, som eksisterer i utallige synder,
og tøjlesløsheder
og skændige lidenskaber,
og udsvævende nydelser,
som mænd elsker, til de er blevet ædru
og går op til deres hvilested.
Der vil de finde mig,
og de vil leve,
og de vil ikke dø igen."

Sophia og Venus

Hvem er den talende? For mig som astrolog er der ingen tvivl om, at det en Venus/Vægt type, ja, at indholdet relaterer sig til temaer, som hører under planeten Venus og Vægtens tegn. For gnostikerne, som dyrkede tilegnelsen af visdom, var der imidlertid tale om Sophia, visdommen personificeret som en gudinde.

Vægtens mennesker beskrives af Linda Goodman i bogen "Soltegn" således:

"Vægte hader at være uforskammede, ikke desto mindre retter de på det skæve billede på din væg og slukker for det skrattende fjernsyn. Vægte elsker mennesker, men de hader de store masser. Til trods for, at de går rundt og mægler og glatter ud på uenigheder mellem folk, kan de godt selv lide at tage et skænderi. De er venlige af natur, men de kan også være surmulende, og de står af over for at modtage ordrer. Vægte er ekstremt intelligente men også utroligt naive og godtroende. De snakker fanden et øre af, men de er vidunderliget gode lyttere. Vægte er rastløse, men de flyver og farer ikke afsted. Er du fuldkommen forvirret? Jamen så velkommen i klubben."

Ikke sandt? Det er let at genkende Sophia fra digtet "Thunder, Perfect Mind" i Linda Goodman's beskrivelse af Vægtens personer. Det bør dog tilføjes, at Vægten med dens mange indre modsætninger ikke kun er forvirrende for os andre - ofte har disse mennesker også svært ved at forstå sig selv. Her kan symbolet med de to vægtskåle hjælpe; det gælder om at opnå balance, men undervejs henimod dette mål vil vægtskålene som regel nå at tippe til begge sider, måske oveni købet flere gange.

Grundlæggende set handler Vægtens tegn om kærlighed og relationer til andre mennesker.

"Ved daggry var han atter på tempelpladsen; hele folket kom hen til ham, og han satte sig ned og underviste dem. Men så kommer de skriftkloge og farisæerne med en kvinde, der var grebet i ægteskabsbrud; de stiller hende foran ham og siger til ham: 'Mester, denne kvinde er grebet på fersk gerning i ægteskabsbrud, og i loven har Moses påbudt os at stene den slags kvinder; hvad siger du?' Det sagde de for at sætte ham på prøve, så de kunne anklage ham. Men Jesus bøjede sig ned og gav sig til at skrive på jorden med fingeren. Da de blev ved med at spørge ham, rettede han sig op og sagde til dem: 'Den af jer, der er uden synd, skal kaste den første sten på hende.' Og han bøjede sig igen ned og skrev på jorden. Da de hørte det, gik de væk, én efter én, de ældste først, og Jesus blev alene tilbage med kvinden, som stod foran ham. Jesus rettede sig op og sagde til hende: 'Kvinde, hvor blev de af? Var der ingen, der fordømte dig?' Hun svarede: 'Nej, Herre, ingen.' Så sagde Jesus: 'Heller ikke jeg fordømmer dig. Gå, og synd fra nu af ikke mere.' (Johs 8,2-11)

Vægtens tegn og dens hersker-planet Venus handler i høj grad også om mænds luder-madonna kompleks. Især i patriarkalske kulturer er mænd i vildrede med, hvordan de skal behandle kvinder. På den ene side er der deres egen mor, som fremstår som noget helligt, en Madonna. På den anden side er der alle de mere eller mindre tilfældige kvinder, som de vælger at sove med for at dække deres fysiske behov. Det er luderen. Når så manden gifter sig, hvor skal han så anbringe sin tilkommende hustru? Er hun Madonna eller luder? Uanset hvad han vælger, bliver kvinden taberen, fordi hun er så meget mere end Madonna og luder. Først når han elsker en kvinde ubetinget, opdager han, at hun er et unikt menneske med følelser, drifter og intelligens ligesom han selv, bare af det modsatte og komplementære køn.

Carla van Raay (født 1938) personificerer både Venus-arketypen og den forvirring, der altid omgærder disse mennesker. Hun blev født ind i en katolsk familie, hvor hun oplevede at blive seksuelt misbrugt. Som 18-årig flygtede hun væk fra misbruget ved at melde sig ind i en nonneorden, "Faithful Companions of Jesus". Hun havde forventet at finde indre fred og forståelse i klosteret, i stedet følte hun sig fanget af strenge regler, som truede med at gøre hende vanvittig. Hun forblev hos nonnerne i 18 år, derpå meldte hun sig ud af ordenen og blev (lidt forhastet) gift og senere skilt. Hun havde en datter at forsørge. Fire år efter, at hun havde forladt klosteret, begyndte hun at ernære sig som luksus-luder gennem et Escort bureau, der kun henvendte sig til rige forretningsmænd. Til sidst måtte hun konfrontere sig selv med sin mørke fortid, hvilket resulterede i bogen "God's Callgirl", som udkom i 2004. Hun har siden fungeret som rådgiver for ofre for seksuelt misbrug via sin webside, www.carlavanraay.com.

To forskellige slags kristendom

Gnostisk kristendom lignede på nogle punkter den katolske (dvs. "almindelige") kristendom og afveg fra den på andre punkter. For de katolske blev man frelst ved at tro på Jesus, dvs. ved at tilslutte sig den kristne sekt og underkaste sig dens dogmer og præster. For gnostikerne blev man frelst, når man opnåede erkendelse. Selve ordet "gnosis", af hvilket ordet "gnostiker" er afled,t betyder erkendelse. Erkendelse af hvad?

Gnostikerne mente, at så længe et menneske identificerede sig med sin fysiske krop, så var sjælen fanget og ufri, en slave af den materielle verden. Når et menneske erkendte og forstod, at det bestod af dels en krop, som en dag ville gå til grunde, dels en ånd, som ville fortsætte med at eksistere i al evighed, så blev dette menneske frigjort og frelst. Det græske ord, som på dansk er oversat til "frelst", og som bruges rigtigt mange gange i Det Nye Testamente er det samme ord, man brugte om en slave, der var blevet købt fri.

Prøv at sige til dig selv: "Jeg er en ånd, der har en krop," nogle gange og bemærk, hvilke følelser, det fremkalder i dig. Personligt oplever jeg altid en følelse af frigørelse gennem denne øvelse.

Det første trin på vejen mod frelse var dåben, som var en initiering gennem elementet vand. Siden fulgte flere andre initieringer: En ørkenvandring svarende til ild-elementet, kroppens (symbolske) død svarende til jord-elementet, og endelig åndens opstandelse, hvor man oplever erkendelse (= gnosis) svarende til luft-elementet. Disse initieringer har overlevet til vore dage i f.eks. frimurernes indvielsesritualer, men man genkender også rigtigt meget af gnostikernes lære i nogle af Paulus' breve i Det Nye Testamente.

Kvindernes vej til gnosis

Det interessante i denne sammenhæng er, at gnostikernes initieringslære var forskellig for kvinder og for mænd. Eller sagt på en anden måde: For en mand kan det være mest interessant at undersøge og forstå f.eks. Ødipus-myten, når han søger visdom, mens det for en kvinde handler om noget andet.

Den myte eller historie, som omhandler en kvindes initieringsrejse er beskrevet i et andet gnostisk skrift fra Nag Hammadi; på engelsk har det titlen "Exegesis on the Soul", dvs. læren om sjælen. Det følgende er min danske oversættelse fra den engelske oversættelse af teksten, som ganske vist er lidt lang, men jeg kan ikke se, hvordan jeg skulle have forkortet den:

"Oprindeligt var psyken en jomfru, som levede alene sammen med sin far. Men da psyken blev født ind i en krop, faldt hun i hænderne på onde mænd, som skiftedes til at eje hende. Nogle af mændene voldtog hende, andre forførte hende med gaver og søde ord. Hun blev en prostitueret, selv om hun altid hemmeligt håbede, at den mand, der omfavnede hende på et givet tidspunkt, ville blive hendes ægtefælle. Efter hvert samleje var hun altid fyldt af fortrydelse, men hver gang hun gjorde sig fri af en mand, løb hun ind i armene på en ny mand. Hver af disse mænd, som hun levede sammen med for en tid, fik hende til at servicere ham i sengen, som om han var hendes herre, og hun en slavinde.

Til sidst var hun så overvældet af skam over sig selv, at hun ikke længere magtede at forlade dem, der misbrugte hende, selv om hun let gennemskuede dem, når de løj om, at de skam respekterede hende, mens de samtidig var hende utro. Til sidst forlod de hende alle sammen helt. Hun endte som en forladt enke uden nogen til at hjælpe, beskytte eller forsørge sig. Mændene efterlod hende intet undtagen resultaterne af at deres erotiske udskejelser: Dumme, blinde, syge og svagtbegavede børn.

Så besøgte hendes far hende og så, hvordan hun sukkede og led, mens hun fortrød sit liv. Hun tiggede ham: 'Frels mig fader. Se, hvad der er sket med mig. Jeg ved, at jeg løb hjemmefra, men nu beder jeg dig om at bringe mig hjem igen.' Hun begyndte at rase og vride sig som en kvinde under barsel. Men en kvinde kan ikke avle et barn alene. Så hendes far lovede at sende hende sin førstefødte søn, hendes bror, fra Himlen, så han kunne blive hendes brudgom.

Hun holdt op med at sælge sin krop og vaskede de ækle lugte fra sine tidligere kunder af sin krop. Hun forberedte sit brudekammer, idet hun fyldte luften med velduftende parfume, mens hun ventede på sin kommende mand. Hun kom ikke længere på markedet med det formål at have sex med enhver, der kunne betale, eller som hun havde lyst til. Hun ventede på den eneste ene, mens hun ængsteligt spurgte: 'Hvornår kommer han?' Hun var fyldt med angst og bekymring, for efter at hun havde forladt sin fars hus, kunne hun ikke længere huske, hvordan hendes bror så ud. Og alligevel drømte hun om ham om natten, som enhver anden forelsket kvinde drømmer om sin tilkommende mand.

Til sidst kom hendes brudgom for at tage hende som sin brud, præcis som hendes far havde lovet hende. Deres ægteskab var ikke som ægteskaber er flest, hvor mand og kvinde efter at have haft sex opfører sig, som om de var blevet lettet for en eller anden fysisk byrde, idet de vender sig væk fra hinanden og sover. I dette ægteskab var der tale om en sand forening af sjæl og legeme. Langsomt genkendte hun sin brudgom, som fyldte hende med glæde. Hun græd og græd, når hun huskede sit tidligere liv. Hun gjorde sig store anstrengelser for at være smuk, så han ikke ville tøve med at blive hos hende. Hun vidste, at hun måtte glemme alle de falske elskere og hellige sig sin sande konge. På denne måde nød de hinandens elskov, i hvilken hun modtog hans sæd og derpå fødte ham gode og sunde børn."

Den kvindelige initieringsmyte rummer således følgende stadier:

- **Luft:** Livet sammen med faderen før psyken inkarnerer i en krop. Det svarer til en piges bevidsthed, før hun er seksuelt moden.
- **Jord:** Inkarnationen i en krop, som medfører stor forvirring. Så længe hun ikke er bevidst om sin sande åndelige natur, vil hun lede efter kærligheden alle de forkerte steder med lidelse og skam til følge. Til sidst fortvivler hun i ensomhed og kan ikke se nogen vej ud.
- **Ild:** Hun angrer sit tidligere liv og faderen besøger hende og lover hende frelse.
- **Vand:** Det mystiske ægteskab i hvilket krop og ånd forenes.

Selv om der er tale om en kvindelig initeringsmyte, har den appel til begge køn, eftersom hovedpersonens navn, Psyche, jo simpelthen betyder sjæl. Dvs. i virkeligheden angår denne fortælling os alle. Den her beskrevne initieringsmyte har da også mange træk til fælles med lignelsen om den fortabte søn i Luk 15,11-32.

12. EN SKØR, SKØR VERDEN

Astrologisk reference: Makemake og Jomfruen

Forudbestemt skæbne eller fri vilje?
Cyan: "Nej, nej, det godtager jeg ikke! Hvis alting i livet var forudbestemt, ville livet være meningsløst."
Nemi: "Jamen, du betaler jo også penge for en biografbillet, selv om handlingen i filmen er bestemt på forhånd."

Ovenstående korte dialog er efter hukommelsen og stammer fra tegneserien "Nemi", som er tegnet og fortalt af Lise Myhre (født 1975). Hvis du vil have konkrete historiske eksempler, der understøtter teorien om forudbestemmelse, har jeg samlet nogle stykker i Appendiks III.

Jeg har lyst til at blande mig i diskussionen mellem Cyan og Nemi og spørge Cyan: "Jamen, hvad nu hvis livet var 90% forudbestemt – ville du så mene, at det lød fornuftigt og acceptabelt? Hvis ikke, hvor ville du så lægge snittet? Hvad med f.eks. 15% - 85%?"

Spørgsmålet om menneskets frie vilje har været tilbagevendende gennem hele astrologiens historie. Bliver vi styret af stjernerne? Eller har vi selv noget at sige? Astrolog og astronom Tycho Brahe (1546-1601) skrev følgende lidt kryptiske læresætninger, som et indlæg i denne diskussion:

"Mennesket er ikke, hvad han er, fordi han blev født på det tidspunkt, han blev født. Men han blev født på det tidspunkt, han blev født, fordi han i forvejen var den, han er."

Sagt på jævnt dansk: Før et menneske undfanges og fødes, eksisterer mennesket som en engel på en sky, og denne engel vælger så at blive født på et tidspunkt og et sted, så den får et fødselshoroskop, der svarer til, hvordan englen er i forvejen.

En anden astrolog, Alan Leo, skrev: "Karakter er skæbne." Det betyder, at hvis du f.eks. er en kolerisk og hidsig person, vil du af egen fri vilje være tilbøjelig til udbrud af vrede og hidsighed, og du vil følgelig få en skæbne, som er karakteristisk for kolerikere med mange stridigheder med andre mennesker til følge – samt evt. en tidlig død. Hvis du derimod er en behagelig og diplomatisk person, vil du ifølge samme automatik få en skæbne, der modsvarer denne karakter: De folk, du omgås, vil behandle dig høfligt og korrekt. NB! Når man i fantasien skal forestille sig disse to personers skæbner, bør man huske, at koleriske mennesker som regel er mere dynamiske og ambitiøse end gennemsnittet, mens diplomatiske og behagelige mennesker kan være tilsvarende dovne.

Heraf følger, at hvis man accepterer, at et fødselshoroskop afspejler en persons karakter, så accepterer man også, at samme fødselshoroskop afspejler personens skæbne.

De 12 vibrationer

Et gammelt ordsprog lyder: "Nysgerrighed dræbte smedens kat." Her har vi altså et udsagn, som siger, at en bestemt karakteregenskab medfører et kort liv. Det kunne være spændende at undersøge, om et menneskes livslængde hænger sammen med samme menneskes fødselshoroskop. Sådan tænkte jeg i 2014, idet jeg antog, at sådan en undersøgelse ville medføre resultater, der især angik ekstremt lange liv. Folk, der bliver over 90, 100 eller 110 år må da være noget specielt, eller hvad? Jeg forventede ikke at finde noget i forhold til korte liv, for i disse tilfælde er dødsårsagerne jo meget forskellige, og det enkelte individ kan være helt uden skyld her.

Inden jeg går videre, vil jeg kort fremlægge nogle teoretiske overvejelser over astrologien. Astrologien opererer med 12 forskellige tegn, og hvert tegn styres af et himmellegeme (Solen, Månen, en planet eller en dværgplanet). Gennem læsning af især Linda Goodman's astrologiske forfatterskab fik jeg oplevelsen af en verden med kun 12 mulige "vibrationer". Dvs. når f.eks. Fiskenes tegn "styres af" Neptun, er det fordi Neptun og Fiskene befinder sig på den samme vibration. Og når f.eks.

horoskopets 12. hus er associeret med Neptun og Fiskene, er det igen fordi det 12. hus er på samme bølgelængde som Neptun og Fiskene.

Det er ikke alle astrologer, som deler denne opfattelse af astrologien, men den får støtte fra uventet kant: Kvantefysikkens standardmodel. Alt stof består af atomer. Atomer består af en kerne bestående af positivt ladede protoner og neutralt ladede neutroner. Rundt om kernen kredser de negativt ladede elektroner som planeter omkring en sol.

Hvis man zoomer ind på en neutron eller en proton, så finder man ikke en forstørret neutron eller proton, i stedet finder man quarker, som er de partikler, som neutroner og protoner består af. Der findes 6 forskellige quarker. Tilsvarende er elektroner del af en familie af leptoner, hvoraf der også findes 6. Dvs. så er der i alt 12 byggestene, ligesom dyrekredsen har 12 tegn. Når man dertil lægger, at sådan en byggesten kan veksle mellem at være fast stof og en vibration, er det nærliggende at tænke, at hele verden består af 12 forskellige vibrationer i forskellige sammensætninger. Det er sådan, jeg tænker om astrologien.

Når jeg derfor skal undersøge horoskoperne fra mennesker med et meget kort eller et meget langt liv spørger jeg for hvert enkelt horoskop: Hvilken vibration i hele dette horoskop er den stærkeste? Hvilken vibration i horoskopet er den næststærkeste? For hvert horoskop uddrager jeg altså 2 ud af 12 mulige vibrationer, og det er dem, jeg laver statistik over. Metoden til at finde den stærkeste og næststærkeste vibration i et horoskop er ren teknik – den kan du finde beskrevet i denne bogs Appendiks I.

Livslængde

Da jeg gennemførte undersøgelsen, undersøgte jeg kønnene hver for sig. Forestil dig, hvad der ville være sket, hvis der var én signikant vibration for hankøn og en anden signikant vibration for hunkøn – og man undersøgte de to køn samlet. Så ville de kønssignifikante vibrationer måske forsvinde i mængden. I de fleste statistiske undersøgelser af horoskoper har man ikke skelnet mellem kønnene, og resultaterne har været derefter.

Derudover definerede jeg et kort liv som et liv, hvor døden indtraf inden det 30. fyldte år, og et langt liv definerede jeg som et liv, hvor døden indtraf efter det 90. år.

Alle horoskoper i undersøgelsen blev først korrigeret. At korrigere et horoskop går kort fortalt ud på at finde det nøjagtige fødselsklokkeslæt vha. information om vigtige begivenheder i personens liv:

- Hvad der skete (som en overskrift)
- Hvor det skete (navnet på nærmeste større by)
- Hvornår det skete (dato og år)

Astrologen spoler horoskopet frem i tid, til han finder et mønster, der matcher de opgivne korrektionsbegivenheder; når det er lykkedes, kan han spole tilbage til det nøjagtige klokkeslæt.

Det tager i gennemsnit 1 time at korrigere et horoskop. Til gengæld for dette arbejde, kan man være relativt sikker på at have data af høj kvalitet, så selv om det er tungt og tidskrævende at korrigere horoskoperne, før de indgår i en statistisk undersøgelse, mener jeg, at det er anstrengelserne værd.

Til min forbløffelse opdagede jeg, at der ikke blot (som forventet) var forskel på de to køn, der var også markant signifikans i alle 4 kategorier: Korte liv mænd, korte liv kvinder, lange liv mænd og lange liv kvinder. Denne opdagelse er rystende, fordi den betyder, at livslængden tilsyneladende er bestemt allerede ved menneskets fødsel – i en eller anden grad – uagtet at dødsårsagerne er vidt forskellige. Tilsyneladende har hvert enkelt individ et indre ur, der er indstillet til at holde op med at tikke efter et bestemt antal år, måneder, uger, dage og timer. Det er, som om døden bare skal have en årsag.

På TV så jeg en aften en dokumentar, der bl.a. kom ind på fænomenet livslængde. Ny forskning viser, at livslængden faktisk bestemmes allerede i fostertilstanden! Den afhænger nemlig bl.a. hvilke vitaminer og næringsstoffer, moderen indtager under graviditeten. Effekten var dramatisk for en bestemt afrikansk stamme. Hvis moderen var gravid, mens det var tørtid, hvor ernæringen var ensidig og sparsom, blev børnene kun 30-40 år gamle. Hvis hun derimod var gravid i regntiden, hvor naturen forsynede stammen med en overdådig variation af frugt, grøntsager og vildt, kunne barnet med lethed blive 80 år gammelt.

Livet mellem livene

Hvis man vil have en mere alternativ forklaring på forudbestemt livslængde, skal man læse de bøger, som Michael Newton har skrevet: "Sjælerejser" (2003), "Sjæleskæbner" (2005), "Livet mellem livene" (2005) og "Erindringer om sjælerejser" (2009).

Det har længe været kendt, at man kan hypnotisere folk tilbage til at huske tidligere liv. Hvis man undersøger beretningerne om tidligere liv nærmere, vil man opdage, at gennemsnitstiden mellem at dø i et liv og at fødes i et nyt liv er ca. 50-60 år. (Denne oplysning stammer fra bogen "Du kan ikke dø" (1978) af Ian Currie.)

Michael Newton gik et skridt videre: Gennem mange år hypnotiserede han folk tilbage til tilstanden mellem to liv og udspurgte de hypnotiserede om, hvordan livet er der. Man kan i Michael Newton's bøger bl.a. læse, at en sjæl, eller en engel om man vil, lever sammen med andre sjæle i en gruppe, hvis størrelse svinger fra 3 til 25 stykker. Selv om den enkelte sjæl har forbindelser til andre gruppers medlemmer i både mellemtilstanden og livet på jorden, så inkarnerer man først og fremmest sammen med medlemmerne af ens egen gruppe. F.eks. kan den sjæl, der var ens mor i det forrige liv være ens søn eller datter i det næste liv – eller ægtefælle for den sags skyld.

Min pointe med at bringe Michael Newton og mellemtilstanden på bane i denne kontekst er, at forløbet i et jordisk liv i store træk bestemmes på forhånd i mellemtilstanden, dvs. inden individet fødes(!) Dels er der en gruppe engle, som Michael Newton kalder "ingeniører", der tilrettelægger livet frem til ca. 30-års alderen. Dels laver sjæle, der skal inkarnere sammen, indbyrdes aftaler om, hvordan og hvornår afgørende begivenheder skal forløbe.

Det er dog ikke således, at alt er forudbestemt ned i mindste detalje ifølge Michael Newton's undersøgelser. I hvert liv har sjælen én eller flere opgaver at løse, og der er jo ingen, der på forhånd kan sige, om sjælen lykkes med at løse sine opgaver. En opgave kan f.eks. være at udforske, hvordan det føles at være magtesløs; det pågældende liv kan så forløbe ved, at personen havner i et voldeligt ægteskab eller i en koncentrationslejr. Ikke alle liv indeholder dog sådanne vanskelige opgaver; nogle liv er at betragte som ren ferie.

Undersøgelsesresultater

Så vidt de overordnede teoretiske forklaringer på resultaterne af min undersøgelse af livslængde i forhold til fødselshoroskoper. Nu er tiden inde til at fremlægge nogle flere detaljer fra undersøgelsesresultaterne.

- For kvindernes vedkommende var disse resultater meget entydige: Ved de korte liv er horoskoperne domineret af Makemake/Jomfruen, mens det er Neptun/Fisk, som dominerer de lange liv.
- For mændenes vedkommende var resultaterne entydige for de korte liv: Her dominerede Jupiter/Skytte. Ved de lange liv var det vand-elementet, som dominerede, dvs. en ligelig fordeling af Måne/Krebs, Pluto/Skorpion og Neptun/Fisk.

Jeg vil godt skynde mig at sige, at det ikke er sådan, at hvis man som kvinde er født i Jomfruens tegn, eller hvis man som mand er født i Skyttens tegn, ja, så får man automatisk et kort liv. De her nævnte planet/tegn-vibrationer angår *hele* fødselshoroskopet og ikke kun soltegnet, som kun udgør en brøkdel af det samlede horoskop. Desuden skal man være forsigtig med statistikker: Selv om mænd i gennemsnit er højere end kvinder, er det ikke ensbetydende med, at alle mænd altid er højere end alle kvinder.

Mændene
Det er nemt at forklare mændenes livslængde ud fra astrologsk teori. Om Jupiter/Skytte typen kan man faktisk sige, at "nysgerrighed dræbte smedens kat", eftersom disse mennesker er undersøgende, videbegærlige og eventyrlystne. Hvis de f.eks. har fået at vide, at det gør ondt at røre ved et elektrisk kreaturhegn, så prøver de det gerne af for at være sikker på, at det nu også forholder sig såden. Også selv om det gør ondt.

Om mennesker med meget vand i horoskopet gælder det:

Vand-mennesker kan være ekstremt følsomme og meget følelsesstyrede, men de afslører sjældent deres dybe sjæleliv for andre; "det stille vand, den dybe grund", siger man også. Alt, hvad de oplever, bliver registreret og følt. De forstår andre mennesker på et dybt plan, men det er sjældent, at andre mennesker forstår dem. De interesserer sig for fortiden og historie, og fordi de holder fast ved traditionerne, fungerer de som kulturbærere. De er som regel meget beskyttende, omsorgsfulde og tålmodige mod andre, fordi de, som følge af deres egen sårbarhed, føler et stort behov for tryghed og samhørighed med andre mennesker. Ofte ved de intuitivt, hvad der skal ske, før det sker. På trods af deres frygtsomhed og tilbøjelighed til at bekymre sig om fremtiden er de sejere end de fleste, når det virkelig gælder.

Det er let at forstå, at mennesker, som er følsomme, empatiske, omsorgsfulde, solidariske og optaget af at lære af fortiden også lever længere end gennemsnittet. Hvis man er god mod andre mennesker, når de har brug for det, vil de andre mennesker også være gode mod en selv, når man har brug for det, f.eks. når man er gammel og skrøbelig. Og så lever man længere end gennemsnittet.

Kvinderne
Det er meget vanskeligere at forstå resultaterne, der angår kvindernes livslængde. Hvorfor er det kun Neptun/Fisk, som skiller sig markant ud blandt vandtegnene – hvorfor er de to andre vandtegn ikke med? Og hvad er årsagen til, at Makemake/Jomfruens kvindetype har tendens til korte liv?

Jeg har to hypoteser. Her følger den første.

I dyrekredsen står Jomfruen og Fiskene overfor hinanden, de er med et astrologisk fagudtryk "i opposition" til hinanden, hvilket kan oversættes til, at de er hinandens modsætninger samtidig med, at de komplementerer hinanden – hvad den ene ikke har, har den anden. Oppositionsforholdet kan gøre dem til hinandens modstandere og rivaler, men det kan også gøre dem til hinandens samarbejdspartnere. Hvis det lykkes dem at slutte fred og blive enige om at samarbejde, er de uovervindelige indenfor deres fælles område, som for Jomfru-Fisk kombinationen bl.a. er helbredsanliggender.

Sat lidt på spidsen med et konkret eksempel: I skrivende stund, hvilket er midt på sommeren, hærges Danmark af kriminelle zigøjner-bander. De kommer ind i landet fra Rumænien takket være EU-reglen om arbejdskraftens frie bevægelighed, og mens de er her, camperer de i naturen, hvor de sviner med alt muligt affald. De overlever ved at tigge og stjæle. En Jomfru ville finde denne uorden afskyelig for forsøge at skabe orden ved f.eks. at anmelde zigøjnerne til politiet. En Fisk ville sætte sig ned og lytte empatisk til zigøjnernes livshistorier, og så måske lade det blive ved det. (Ja, jeg ved godt, at Pia Kjærsgaard er født i Fiskenes tegn, men Neptun/Fiskene er ikke den dominerende indflydelse i hendes horoskop!) Kun ved at arbejde sammen ville de to tegn kunne finde den optimale løsning på problemet.

Den følgende historie illustrerer forskellen mellem en Jomfru-kvinde og en Fisk-kvinde:

"Mens de var på vandring, kom Jesus engang ind i en landsby, og en kvinde ved navn Martha tog imod ham. Hun havde en søster, som hed Maria; hun satte sig ved Herrens fødder og lyttede til hans ord. Men Martha var travlt optaget af at sørge for ham. Hun kom hen og sagde: 'Herre, er du ligeglad med, at min søster lader mig være alene om at sørge for dig? Sig dog til hende, at hun skal hjælpe mig.' Men Herren svarede hende: 'Martha, Martha! Du gør dig bekymringer og er urolig for mange ting. Men ét er fornødent. Maria har valgt den gode del, og den skal ikke tages fra hende.'" (Luk 10,38-42)

Martha repræsenterer her Jomfruen, Maria Fiskene. Jomfruens tegn er et jordtegn, som i hvert fald i den første halvdel af livet er fuldt optaget af jordiske gøremål. Når Jomfruens mennesker passerer 30-års alderen, slapper de mere af. Mennesker født i Fiskenes tegn er generelt mere afslappede, de tager tingene som de kommer, og de tager sig tid til at lytte til deres egen indre stemme. Det kan godt være, at det roder lidt i hendes hjem og det kan også godt være, at støvet samler sig i krogene, men der er i hvert fald hyggeligt og rart at være. En sådan adfærd vil alt andet lige medføre et længere liv, tror jeg.

Den anden hypotese bygger på græsk mytologi. Astrologen Liz Greene skriver i "Skæbnens Astrologi" (1991), at kvinden, som Jomfruens stjernetegn er inspireret af, er gudinden Astraea. Astraea var datter af Zeus og levede på jorden en gang for længe siden i det, grækerne kaldte "den gyldne tidsalder". Den gang var der ingen strid og blodsudgydelser mellem menneskene. Astraea plejede at komme på markedspladsen, hvor hun satte sig mellem jævne folk og underviste dem i naturens principper og love. Men da menneskenes sind korrumperedes, så de i højere grad forfaldt til kriminelle handlinger, væmmedes hun ved dem og vendte tilbage til sin far i himlene. Generelt hader Jomfruens mennesker uorden, kaos og spild.

Min teori er, at kvinder med meget Makemake/Jomfru i horoskopet ubevidst identificerer sig med Astraea-arketypen, idet de væmmes ved den uorden, der hersker på jorden og længes efter at vende tilbage til den himmelske fader. Og derfor bringer de – stadig ubevidst – sig selv i situationer, hvor deres liv forkortes markant.

Mod slutningen af sit liv mente psykoanalytikeren Sigmund Freud (1856-1939) at have opdaget, at vi alle på et eller andet niveau har en dødsdrift, ligesom vi har en drift, der holder os i live. Man kan oversætte det til, at ligeså meget vi elsker livet, ligeså meget vil vi en dag længes mod døden. Det er ikke sådan, at vi altid og ubetinget ønsker at leve.

Hvis du ønsker at leve dig ind i, hvordan Jomfruens mennesker oplever verden, vil jeg anbefale dig at læse bogen om "Alice i Eventyrland" (1865) samt efterfølgeren "Bag Spejlet" (1871) skrevet af matematikeren Lewis Carroll (1832-1898). Eventyrland er en skør, skør verden – men denne verden må jo sige noget almen-menneskeligt, som rammer de felste af os dybt, ellers ville bogen næppe være blevet solgt og genoptrykt i så mange oplag, siden den udkom.

13. OM OPBRUD OG FORNYELSE

Astrologisk reference: Mars og Vædderen

Sex

En kvinde skrev til mig: "Jeg har læst det, du har lagt ud på nettet med stor interesse, og jeg kan godt forstå og acceptere, at jeg består af en sjæl og en krop, og at sjælen er vigtigere end kroppen, fordi sjælen består, mens kroppen forgår. Men betyder det, at jeg skal gå i kloster? Eller er det i orden at melde sig ind i en swinger-klub?"

Jeg svarede: "Det er fuldstændigt ligegyldigt, om du går i kloster eller melder dig ind i en swinger-klub. Det vigtigste er, at du 'vælger at gå en vej, der har et hjerte,' som Carlos Castenadas (1925-1998) formulerede det i en af sine bøger. Eller som en ven sagde til mig: 'Du kan hygge dig med sex, men du kan ikke bygge dit liv på sex, sådan som du kan bygge dit liv på kærlighed.' Hvis du har lyst til at melde dig ind i en swinger-klub, så gør du det, så længe du føler dig godt tilpas ved det. Hvis du hellere vil gå i kloster, så gør du det. Men hvis du ikke har hjertet med dig i forhold til sex, ender du med at have et forkvaklet forhold til din krop."

Hvorfor kan man ikke bygge sit liv på sex? Fordi sex alene mangler bestandighed.

I astrologien hører sex ind under Mars/Vædder-vibrationen, som igen hører under ild-elementet. Hvis man undersøger horoskoperne for folk, der har succes og høster masser af beundring, vil man finde, at hos de fleste af dem er ild det mest dominerende element. De er karismatiske og egocentriske, idet de lever deres liv ud fra deres indre kerne. De tager sjældent det store hensyn til deres omgivelser. Ofte hænger deres privatliv i laser, hvad man kan læse om i ugebladene og avisernes sladderspalter. Ild associeres f.eks. med Solen, som er centrum i vores solsystem – eller jordens indre kerne af jern, en anden slags centrum.

Fordelene ved ild-elementet er åbenbare: Sådan en skovbrand kan være imponerende, dramatisk og dominere øjeblikket her og nu. Men bagefter vokser planter og træer op igen, og efter nogle år kan man ikke længere se, at der har været ildebrand. Det er mennesker med meget jord i horoskopet, som skaber varige resultater. Desværre plages jordmennesker ofte af ensomhed og helbredsproblemer. Luft-elementets mennesker forstår at skabe gode relationer, fællesskab og sammenhold, men de kan også være lidt overfladiske. Vand-elementet er vanskeligt at leve med, men det medfører velvære, lykke og et langt liv. Kort sagt: De 4 elementer komplementerer hinanden.

Uanset, hvor (skin-)hellige vi forsøger at gøre os selv, så er der dog visse sandheder, som er uomtvistelige, f.eks. denne: Sex sælger! Dette gælder ikke mindst indenfor litteraturens verden. Da Giacomo Casanova's (1725-1798) saftige erindringer udkom på tysk i årene 1822-1828, var de en øjeblikkelig succés. Der er mange andre forfattere, som har haft lignende succes-oplevelser med erotisk litteratur, f.eks. Fay Weldon (født 1931) med "Praxis" og "Støvbold", Erica Jong (født 1942) med "Luft under vingerne" og "Fanny", Suzanne Brøgger (født 1944) med "Fri os fra kærligheden" og "Kærlighedens veje og vildveje", Henry Miller (1891-1980) med "Krebsens vendekreds" og "Sexus" – listen fortsætter i det uendelige.

Når man læser erotisk litteratur, er det (i min optik) vanskeligt at dømme eller fordømme hovedpersonen med de mange udenomsægteskabelige affærer. Det er meget sjovere at leve sig ind i fortællingen og lade sig underholde. Eller som Jesus sagde i Luk 7,47: "Derfor siger jeg dig: Hendes mange synder er tilgivet, siden hun har elsket meget. Den, der kun får lidt tilgivet, elsker kun lidt." Eller som Zsa Zsa Gabor (født 1917) sagde: "Jeg tror, at sex er kommet for at blive." Selv efter at 3. verdenskrig en dag har udryddet 9/10 af verdens befolkning, vil der alligevel bagefter være mennesker, der med stor lyst korpulerer og avler børn.

Den rette indstilling?
Hver ny generation har brug for at bryde med den foregående generation i et eller andet omfang. "Man fylder heller ikke ung vin på gamle lædersække; for så sprænges sækkene, og vinen går til spilde, og sækkene ødelægges. Nej, man fylder ung vin på nye sække, så bevares begge dele." (Mat. 9,17)

Der vil altid være mennesker, der forsøger at tøjle og kontrollere andres drifter. Seksualkontrol findes i alle former, ligefra når den dominerende chimpanse-han forsøger at forhindre de andre af flokkens hanner i at have sex med flokkens hunner, til når politikere lader hele hele befolkningsgrupper sterilisere, sådan som f.eks. den indiske premiereminister Indira Gandhi (1917-1984) gjorde det i et forsøg på at bremse befolkningseksplosionen i sit land. Noget lignende er sket i USA og Canada i forhold til den oprindelige befolkning af indianere og inuiter, det samme gælder Australien i forhold til aboriginerne. Værst er det dog efter min mening, når vi hjernevaskes til at tro, at vores biologiske behov er en synd mod Gud.

Så hvordan kan jeg være sikker på, at jeg har ret, når jeg anbefaler et afslappet forhold til kroppen og dens behov? Det kan jeg naturligvis heller ikke, men her er i hvert fald mine argumenter:

Da jeg blev 17-18 år så jeg mig omkring med et kritisk blik i min missionske familie og begyndte efterfølgende at tænke mere selvstændigt. Kristendommen skulle jo være et glædeligt budskab, alligevel så jeg ikke meget glæde. Der var langt flere nervesammenbrud, depressioner og alvorstunge miner end spontane halleluja-råb. Folk sled på hinanden i stedet for at bygge hinanden op. Der måtte være noget galt.

Jeg frygtede, at jeg, hvis jeg bevidstløst fulgte i familiens fodspor, ville blive ligesom dem. Derfor nulstillede jeg min tro. Jeg sagde: "Gud er død. Nu tror jeg ikke på noget mere. Undtagen..." Det var i 1970'erne, og jeg havde netop læst Raymond A. Moody's (født 1944) bøger "Livet efter livet" og "Mere om livet efter livet". Her var noget at bygge på, tænkte jeg, idet jeg argumenterede overfor mig selv, at andre menneskers førstehåndsoplevelser må veje tungere end religiøse dogmer, hvis motiver fortaber sig i det uvisse.

Nærdødsoplevelser

Moody har i de to bøger samlet en lang række nærdødsoplevelser fra mange forskellige personer, fra mange forskellige kulturer og fra forskellige tidsepoker. En nærdødsoplevelse går ud på, at et menneske har været død, hvorpå det er vendt tilbage til livet og har kunnet fortælle, hvad det oplevede. Disse historier følger et bestemt mønster, men det er ikke altid, at alle elementerne i mønsteret er med:

Først opleves det som at blive trukket gennem en sort tunnel. Derefter befinder sjælen sig udenfor legemet. Man kan mao. se sin egen krop udefra. Jeg kender mennesker, der spontant har haft sådan en ud-af-kroppen oplevelse: "Så hang jeg der over min sovende krop og så ned på mig selv. Jeg kunne flyve, hvorhen jeg ville. Der var noget, ligesom en sølvtråd, der forbandt mig til kroppen."

Hvis man i fobindelse med døden har været bange, ændres tilstanden til en følelse af indre ro og fred. Så ser man et lys eller et lysvæsen, der udstråler kærlighed. Sammen med lysvæsenet gennemgår man hele sit liv i et splitsekund - alle detaljer er med. Der er ingen fordømmelse. Kun to spørgsmål er vigtige:

- Hvor meget kærlighed gav og modtog du?
- Hvad lærte du?

Sjælen får derpå lov til at se ind i eller opholde sig et dejligt sted, som svarer til Paradiset; ofte fremstår dette sted som en smuk park. Og med løftet om en dag at kunne komme tilbage til parken, når livet er endeligt forbi, vender sjælen tilbage til sin krop, enten fordi den selv beder om det, eller fordi lysvæsenet bestemmer, at det skal være sådan.

Hvis de to vigtigste ting i livet er at give og modtage kærlighed samt lære så meget som muligt undervejs, så har spørgsmålene om sex og krop ikke den store betydning, som mørkemændene har tillagt dem, tænker jeg.

Mars

Mars/Vædder handler om fornyelse, at gøre op med det gamle og udlevede for med oprigtigt hjerte at søge (tilbage til) det, som er sundt og rent. Astrologen Liz Greene (født 1946) skriver i "Skæbnens astrologi", at vi med Vædderen er tilbage ved Ødipus-mytens opgør med faderen men på en anden og mindre "snavset" måde end i selve Ødipus-myten. Da Ødipus dræbte sin far og giftede sig med sin mor, var det gudernes straf mod faderen for at have voldtaget en dreng længe før, Ødipus blev født. Vædderen starter derimod altid fra et nulpunkt af ren uskyld. Vædderen er der altid som et søm, når der kaldes til kamp for de fattige, undertrykte og udbyttede. Vædderen beskytter de svage.

Når man skal forestille sig en Vædder-type personificeret, er Thor fra Valhalla-tegneserien af Peter Madsen et glimrende eksempel: Egocentrisk, masser af krop, masser af bulder og torden, ingen angst for konflikter – og et rent hjerte uden skumle hensigter. Hvis man ønsker mere konkrete eksempler på Mars/Vædder-typen er den svenske forfatter Astrid Lindgren (1907-2002) et godt eksempel på en kvinde og Mogens Amdi Petersen (født 1939) et godt eksempel på en mand. Figurer som Astrid Lindgrens "Emil fra Lønneberg" og "Pippi Langstrømpe" personificerer med deres barnlige uskyld Vædderen. Og uanset, hvad man måtte mene om Mogens Amdi Petersen, så fornyede han undervisningssektoren ved at insistere på at lade teori og praksis følges ad og tage eleverne ud af klasseværelset og ud i den omgivende virkelighed.

Jesus kaldes i Det Nye Testamente for "Guds lam" (Johs 1,29 og 1,36 samt Ab 5,6), hvilket dels er en henvisning til det jødiske folks skik med at ofre et lam for at sone deres synder, dels er en henvisning til Jesu rolle som den astrologiske Vædder i opgøret med det gamle og udlevede i form af farisæernes og de skriftkloges lovreligion. Her skal man huske på, at de astrologiske symboler gennemsyrede antikkens tankeverden i en grad, som i dag er blevet glemt.

14. OM AT SKABE FREMGANG OG SUCCÉS

Astrologisk reference: Eris og Tyren

Grundlæggelsen af en virksomhed

Det følgende er et opslag, jeg lavede på Facebook, dog uden nogensinde at "booste" det, dvs. sende det ud til et større publikum. Når jeg tøvede med at boote opslaget, skyldtes det tvivl om, hvor vidt Facebook nu også var den rigtige kanal til formålet.

"Sådan får du succés med din virksomhed! Forskeren R. Meredith Belbin har påvist, at forudsætningen for, at en virksomhed skal kunne få succés, er, at mindst to personlighedstyper er til stede i ledelsen fra starten:

- *Innovatoren:* Står for de gode idéer og den løbende fornyelse, der sikrer, at virksomheden er original og unik.
- *Administratoren:* Står for kundekontakt, salg, produktion, markedsføring og administration.

Astrologisk svarer administratoren til en person med en markant Sol/Løve eller Måne/Krebs i horoskopet, mens Innovatoren svarer til en person med en markant Uranus/Vandbærer eller Neptun/Fisk i horoskopet. Til nød kan en Mars/Vædder-type fungere som en administrator, og til nød kan en Pluto/Skorpion-type fungere som innovator. Sommetider eksisterer administrator og innovator i én og samme person, det gælder f.eks. Thomas Edison og Bill Gates.

Når først rollerne som administrator og innovator er besat i en virksomheds ledelse, kan man supplere med de øvrige planettyper efter behov, når bare man undgår at have mere end én af samme type på samme niveau eller i samme arbejdsgruppe. Desværre er en leder tilbøjelig til at ansætte folk, der ligner ham eller hende selv. Det er et problem, for når to medarbejdere af samme personlighedstype skal arbejde sammen, opstår der lettere intern rivalisering til skade for virksomhedens vækst og produktivitet.

Ved hjælp af AstroTvilling kan jeg fastslå din (eller jeres) planettype(r) og rådgive dig (eller jer) ved ansættelse af yderligere medarbejdere."

AstroTvilling er beskrevet nærmere i Appendiks II.

Belbin's forskning i teams

R. Meredith Belbin publicerede de her nævnte forskningsresultater på engelsk i bogen "Management Teams" (1981, 2004). Bogen udkom på dansk med titlen "Ledelsesgrupper - Betingelser for succes eller fiasko". Belbin nåede sammen med andre forskere frem til denne typologi på basis af 9 års forskning i sammensætning af teams. Vi taler således om meget velunderbygget research. Formålet var at påvise, hvilke egenskaber medlemmerne af et team skal have for at skabe økonomiske resultater.

Forskningen fandt sted i et kunstigt universitetsmiljø, dvs. ikke ude i det virkelige, pulveriserende erhvervsliv. Man sammensatte teams, og så lod man dem deltage i forskellige spil, der simulerede virkelige situationer i erhvervslivet; disse spil kan sammenlignes med Matadorspillet, som de fleste kender. De forskellige hold konkurrerede om at stå tilbage med flest (virtuelle) penge, når spillet var slut.

Det er værd at referere udgangspunktet for Belbins forskning: Magt og autoritet ligger ikke som i gamle dage hos enkeltindivider men snarere i en gruppe af følgende årsager:

- Det er en udbredt opfattelse, at magt korrumperer og derfor bør deles mellem flere personer. De fleste finder det af moralske grunde uantageligt, at ét menneske skal træffe alle de vigtige afgørelser i en organisation. Jo bedre de ansatte er uddannet, jo stærkere bliver deres ønske om medindflydelse på ledelsen.

- Men der er også andre grunde til, at magten bør deles: I det moderne informationsteknologiske samfund er det en uhyre vanskelig opgave at træffe beslutninger, der spænder over den nyeste teknologi, en konkurrence, som er både national og global og de administrative problemer, der ligger i at lede en virksomhed i en verden, der bliver stadig mere kompliceret.

Med andre ord: Teamledelse er et fænomen, der er kommet for at blive.

Diversitet sikrer succes

Essensen i Belbins forskning er, at homogene teams ikke er ideelle. De bedste teams er de teams, der sammensættes af meget forskellige personlighedstyper. Selv om udadvendte og stabile hold (dvs. i astrologisk forstand hold domineret af ild-elementet) generelt hørte til blandt vinderne af de erhvervsspil, de deltog i, havde de også en svaghed: Deres sorgløse og optimistiske facon gjorde dem utilbøjelige til at lære af deres fejl, som de enten ikke bemærkede eller ikke korrigerede.

Det er et almindeligt fænomen i erhvervslivet, at virksomhedsledere er tilbøjelige til at ansætte personale, der i nogen grad ligner dem selv – personlighedsmæssigt, uddannelsesmæssigt, kulturelt eller i forhold til social baggrund. Ud fra Belbins forskning er der al mulig grund til at tro, at en sådan fremgangsmåde ikke er særligt optimal. Kristendommens lære om, at man skal elske sine fjender, kan i denne sammenhæng omformuleres til, at man skal ansætte dem, der er vidt forskellige fra en selv, hvis man vil sikre, at det går godt for virksomheden.

Innovatoren (også kaldet idémanden) er kendetegnet ved en evne til at komme med originale ideer og nye synsvinkler på de problemer, et hold står overfor. Der er tale om en indadvendt, hensynsfuld og følsom type. Han/hun er sjældent særligt praktisk anlagt og kan være glemsom og distræt. Selv om der er tale om et højt begavet menneske, kan kommunikation være et problem, fordi typen ikke er særligt empatisk.

Forsøgene med at plante en enkelt innovator i grupperne bekræftede betydningen af at have en sådan type med på et hold, men de viste også, at to innovatorer på samme hold sjældent var bedre end ingen idémænd. Dvs. kreativitet i et hold skal komme i små doser, hvis den skal resultere i succes. Allerbedst var innovatorerne til afsætning og salg, mens typen passede dårligst i rollen som sekretær.

Belbin skriver: "Ældre virksomheder har sjældent en innovator i ledelsen, med mindre det sker som en reaktion på en krise, der har fremtvunget et brud i kontinuiteten. Da vil man for blot at kunne overleve være nødt til at foretage udnævnelser, som under normale forhold ville have været utænkelige. Inovatoren forekommer til gengæld ofte i nyoprettede virksomheder og organisationer. De evner og egenskaber, der skal til ved starten af et nyt firma, er yderst forskellige fra dem, der skal til, når en virksomhed skal konsolidere sin succes."

Belbin fortsætter: "Det vigtigste ved en effektiv udnyttelse af en innovator var, at man erkendte hans muligheder, gav ham et virkefelt og en passende rolle og ikke tillod ham at forfølge mindre lønnende idéer, som han måtte være blevet optaget af, og i det store hele sørgede for at holde ham på plads."

Hvis det psykologiske klima var dårligt, fik man ikke udbytte ud af en innovator; dertil var de for sarte og følsomme. Selv om innovatorer er kreative, kan deres værdi falde voldsomt, hvis de mister deres rolle eller overskrider den.

Koordinatoren er kendetegnet ved at være udadvendt, moden, selvsikker og tillidsfuld. Han/hun accepterer folk, som de er, uden jalousi eller mistænksomhed. Som regel er han/hun kendetegnet ved altid at tænke i positive baner. Typen er noget af en talentspejder, der er i stand til at forstå, værdsætte og bruge andres talenter. Han/hun påskønner mennesker, der når deres mål, og som kaster sig ud i arbejde og kamp. Ikke desto mindre kan han/hun være endog meget dominerende: Et menneske, der er tolerant nok til at lytte til andre, men også stærk nok til at kassere deres råd.

Koordinatoren er resultatorienteret, men kriser bringer ham/hende ikke ud af fatning. Han/hun er rolig, realistisk, selvdisciplineret, entusiastisk og har evnen til at motivere andre. Alligevel er han/hun ikke nødvendigvis udadvendt i traditionel forstand, eftersom han/hun er tilbøjelig til at være uengageret og fjern i sine relationer til andre. I forhold til teamorientering scorede en koordinator gerne lavt: Det var, som om teamet valgte et medlem til leder, der i grunden ikke var et typisk produkt af teamet.

Typens vigtigste egenskaber er evnen til at prioritere, gøre målene klare for de øvrige teammedlemmer på en pædagogisk måde og tage de rigtige beslutninger i forhold til situationen. Koordinatorens svaghed er, at han/hun ikke nødvendigvis er den mest vidende i et team. Han/hun kan derfor have en tendens til at manipulere.

Sagt i korthed ligner den ideelle formand en person, der ved, hvordan man skal udnytte ressourcerne, som forstår at tilpasse sig andre mennesker, men som aldrig mister sit greb om situationen eller evnen til at danne sig sit eget skøn baseret på sin egen vurdering af, hvad der er nødvendigt i praksis.

Belbin siger om denne type: "Den succesrige formand var ikke så forfærdeligt forskellig fra de øvrige teammedlemmer, men han gjorde sig bemærket som et menneske, der nød de andres respekt. Hans indgriben forekom især på kritiske punkter i øvelsen. Så var han den, der havde kommandoen, og som bestræbte sig på at samle alle tråde. Han tillod aldrig, at møderne kom ud af kontrol. Når der forekom uoverensstemmelser, var han altid rede til at bibringe teamet en følelse af ro og orden."

Forskellige ledelsesformer
Efter at det var lykkedes Belbin gennem omhyggelig forskning at opdage og beskrive en ledertype, der kan skabe resultater på bundlinien – nemlig ovennævnte koordinator – rejste spørgsmålet sig, om undersøgelsesresultaterne kunne overføres til virkelighedens verden? Eksperimenterne med teamwork havde trods alt fundet sted i et kunstigt miljø.

Publiceringen af undersøgelsesresultaterne tiltrak en ny type mennesker, hvoraf nogle sad i meget høje stillinger: Personaledirektører fra multinationale selskaber var godt repræsenterede, og der var et ret stort antal fremtrædende administrerende direktører, som nu var interesserede i at finde lederemner til deres datterselskaber.

Belbin forventede at finde mange mennesker af koordinatortypen i denne nye gruppe - men det viste sig ikke at være tilfældet. Koordinatortypen fandtes ganske vist ude i erhvervslivet, og den formåede også at skabe resultater der, men ude i "virkeligheden" fandtes der også en anden type erhvervsledere. Denne nye type blev senere døbt *"opstarteren"* (på engelsk: shaper), og svarer astrologisk til Mars/Vædder-typen.

Belbin skriver om denne type: "Det er ikke alle virksomhedsledere, der er ideelle teamledere. Nogle virksomhedsledere (opstarterne) kan dårligt skjule deres utålmodighed med teams, med arbejdsudvalg eller med alt, hvad der smager af gruppearbejde. Andre virksomhedsledere (koordinatorerne) besidder nogle sjældne egenskaber, som får deres personale til at støtte dem; de træffer beslutningerne og giver personalet så udtrykkelige ordrer, at selv højtstående medarbejdere – ofte intuitivt – agerer, som om de var under daglig supervision, selv når chefen er i udlandet."

Koordinatoren forstår at udnytte et team's ressourcer med en effektiv styring af teammedlemmerne, opstarteren er derimod en handlingsorienteret igangsætter, der får succes ved at sætte fut i tingene, ved at vække folk, der er stagnerede eller lammet af inerti og ved at ændre på træge systemer. Begge typer er resultatorienterede. Opstarteren når sine mål med ren energi og ved at trække de andre med sig, men hvis en opstarter ikke lykkes med sit initiativ, har han modsat koordinatoren intet at falde tilbage på.

Når Belbin ikke havde været opmærksom på opstarterne før nu, skyldtes det, at opstartere var for rastløse til at deltage i Belbin's ti uger lange kurser, mens de gerne meldte sig til et tre dages seminar, hvor de kunne lære noget i en fart.

Den typiske opstarter er udadvendt, dynamisk, energisk og rastløs. Når han/hun støder på en forhindring, finder han en måde at omgå den på – om nødvendigt med ulovlige midler. Som regel har opstarteren en umiddelbar opfattelsesevne, der på at splitsekund kan fortælle ham/hende, hvor problemet ligger. Opstarteren er opportunistisk snarere end samvittighedsfuld, frygtløs og ukuelig, blottet for enhver form for forlegenhed eller forsagthed.

Opstartere maser på for at komme frem, idet de lade sig lede af deres præstationsbehov. En sådan indstilling er både en styrke og en svaghed. Opstartere har gerne et heftigt temperament, de lader sig let provokere, og de er utålmodige og stædige.

Belbin siger om opstarteren: "Deres tilbøjelighed til aggressivitet fremkaldte en tilsvarende reaktion fra de andre medlemmer, men alligevel svarede de ukueligt igen, som om de i høj grad nød skænderiet. Det, de var ude på, var at vinde, og hvad de kunne lære, kom i høj grad i anden række." Det var først når et virksomhedsspil var forbi, at de begyndte at interessere sig for, hvad de kunne lære af det.

Vores samfund er meget komplekst; ind i mellem vil organisationer være underlagt modstridende regelsæt, som får tingene til at stagnere. Det er i sådanne situationer, hvor tingene er gået i stå, at opstartere kan vise, hvad de duer til.

Belbin fortæller: "Hvis et team var tilbøjeligt til at være mageligt eller passivt, kunne tilstedeværelsen af en opstarter rette op på situationen, så indsatsen blev forbedret. På den anden side var en opstarter som regel en forstyrrende faktor i et velafbalanceret team, især hvis det blev ledet af en person med en typisk koordinator-profil. En opstarter kunne ligefrem ødelægge et velfungerende team. Generelt havde opstartere et meget pænt generalieblad, for så vidt angik resultaterne."

Specialisten
I alt kortlagde Belbin 9 typer, som komplementerer hinanden i forskellige situationer. Den sidste type, han beskrev, har ikke fået mange ord med på vejen. Belbin kaldte typen for *"specialisten"*.

Specialister finder tidligt i livet et område, som de ensidigt dyrker resten af livet. De er meget dedikerede til deres speciale, men de kan også være meget ensidige. De kommer på banen, når der er brug for færdigheder, som er sjældne og vanskelige at opspore, idet de bidrager med specialviden og tekniske færdigheder. De er selvkørende. Deres svaghed er, at de kun bidrager indenfor et snævert område, og de kan have tendens til at fortabe sig i teknikaliteter eller have ejerfornemmelser for deres speciale.

Som astrolog er jeg tilbøjelig til ud fra ovennævnte stikord at identificere Belbin's specialist med Eris/Tyr-typen. Men når jeg har lavet astrologiske undersøgelser, er jeg kommet ud for en overraskelse. Det viser sig, at næsten uanset hvilken profession jeg undersøger, idet jeg leder efter den stærkeste og næststærkeste af 12 mulige typer, ja, så dukker Eris/Tyr-typen næsten altid op blandt mændene. Dvs. blandt mændene er Eris/Tyr en succes-indikator. Hos kvinderne er det Sol/Løve-typen som er succés-indikator.

Her er min hypotese om, hvorfor det forholder sig sådan: Når drenge leger, danner de grupper (som f.eks. et fodboldhold), hvor hvert enkelt medlem specialiserer sig; jo mere specialiseret du er, des mere værdifuld er du for gruppen. Eris/Tyr-typen er den ultimative specialist, fordi den allerede i 2-3 års-alderen vælger sit speciale, som den derpå dygtiggør sig i ud fra princippet om "årring på årring", dvs. hvert år føjes der ny viden til den eksisterende viden.

Eris/Tyr-typen er den hyppigst forekommende blandt enebørn af begge køn. Enebørn har meget kontakt med voksne, og fordi de jo pr. definition mangler søskende, har de kun lidt kontakt med jævnaldrende. Kontakten med de mange voksne og den store opmærksomhed, de i det hele taget modtager, gør dem tidligt modne og giver dem en vid horisont. Til gengæld kan det knibe med samarbejdsevner og sociale færdigheder.

Når piger leger, danner de par i højere grad end store grupper som f.eks. fodboldhold. I sådan et par skiftes man til at lede og gå i spidsen, men i længden er den dominerende pige som regel hende, der har den stærkeste Sol/Løve-indflydelse i horoskopet. Dertil kommer, at den kvindelige Sol/Løve-typen er den eneste kvinde-type, der for alvor er indstillet på at konkurrere med mændene på mændenes præmisser. Derved ender kvindelige Sol/Løve-mennesker gerne i rollen som leder for, beskytter af eller forkæmper for andre kvinder.

15. APPENDIKS I

Horoskopkomprimering

Under læsning af bøger om enneagrammet og lignende typologier har det slået mig, at disse redskaber, som med succes bruges af erhvervslivet i forbindelse med teambuilding, er så simple, som de rent faktisk er. Både enneagrammet og Belbin's typologi består af 9 typer, som ligesom zodiakens 12 stjernetegn er rimeligt faste i kontourerne, så man sjældent forveksler den ene type med den anden.

Men i modsætning til disse 2 simple typologier har den astrologiske karakterbeskrivelse en række problemer, der gør det vanskeligt at bruge den på samme måde som de to nævnte typologier.

1. Som astrologer ved vi, at det sjældent er præcist nok at bruge zodiakens beskrivelse af personens soltegn til at beskrive en person. Oprindeligt brugte astrologerne faktisk ascendanten og ikke soltegnet – men heller ikke en beskrivelse af ascendanten eller en kombination af ascendant og soltegn er i sig selv fyldestgørende.
2. Nogle astrologiske tydningssystemer producerer helt op til 50 sider tekst, som sjældent er særligt struktureret eller præcist. I det bedste system, jeg har testet, er 75% af udsagnene sande og længden af teksten på ca. 4-5 sider. I de værste systemer er 50% af udsagnene sande og resten falske - dvs. det er rent gætværk, som intet har at gøre med hverken horoskopet eller astrologi i det hele taget.
3. En række erhverv og professioner omtales sjældent eller aldrig i astrologiske tydningsbøger; det gælder f.eks. musikalske talenter. Tydningsbøgernes tekster er i det hele taget ofte præget af, at klientellet består af 85% kvinder, hvoraf de fleste ønsker at vide noget om kærlighed og familie, mens de sidste 15%, dvs. mændene, ønsker at vide mere om arbejde og økonomi.

Ønsket fra min side har været en kort og præcis karakterbeskrivelse genereret fra et horoskop. Med "kort" menes højst 5-7 A4-sider og med "præcis" menes, at mindst 90% af udsagnene skal være målbart sande.

Idéen med at komprimere et horoskop går ud på, at fastslå, hvilken af 12 mulige astrologiske indflydelser, der er den stærkeste. Her er det underforstået, at et tegn og dens planethersker udtrykker samme astrologiske indflydelse:

1. Vædder og Mars
2. Tyr og Eris
3. Tvilling og Merkur
4. Krebs og Måne
5. Løve og Sol
6. Jomfru og Makemake
7. Vægt og Venus
8. Skorpion og Pluto
9. Skytte og Jupiter
10. Stenbuk og Saturn
11. Vandbærer og Uranus
12. Fisk og Neptun

Ved komprimeringen af et horoskop vægtes klokkeslættet meget højere end datoen. Indflydelser afledt af datoen alene (dvs. planeternes positioner i tegn, inklusive Solen og Månen) vægtes ca. 30%, mens indflydelser afledt af dato plus klokkeslæt vægtes ca. 70%.

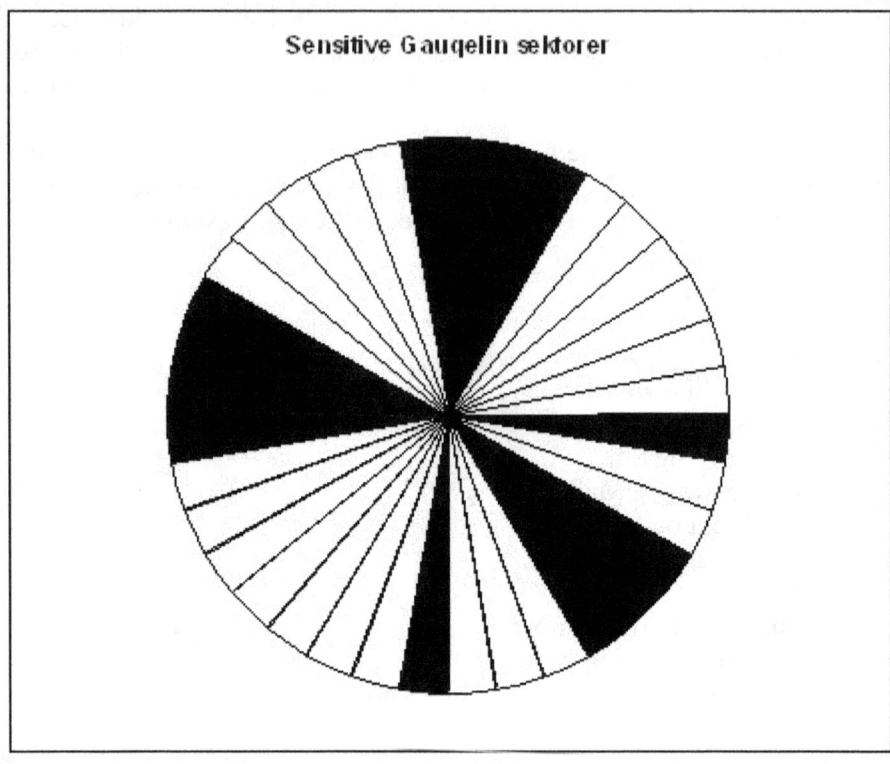

Sensitive Gauquelin sektorer

- En planet tildeles 2,5 points, når den hersker over en akse, dvs. enten MC eller ASC.
- En planet fremhæves, når den befinder sig i en Gauquelin-sektor (se Figur 1) i døgncirkelen – så vægtes den med 2 point.
- En planets position i et tegn vægter 1 point, uanset om det er Solen, som traditionen lægger meget vægt på, eller en af de ydre planeter, som traditionen lægger mindre vægt på.
- En planet fremhæves, når den danner et aspekt med en akse – og vægtningen er 2 points for konjunktioner, 1,5 points ved oppositioner og trigoner, 1,3 points ved kvadrater og sekstiler, 1,2 points ved halvkvadrater, sesquikvadrater og noviler og 1 points ved halvsekstiler og quinqunxer.

Til sidst er der et lidt indviklet (men alligevel strengt logisk) regelsæt, som betoner planeternes herskerskaber, og som jeg blot vil skitsere her. Normalt vil man sige, at den planet, der får flest points, bestemmer typen. Hvis f.eks. Mars får flest points, må personen regnes for at tilhøre Mars/Vædder-typen – eller hvad? Nej, ikke altid. Hvis Mars f.eks. befinder sig i Fiskene, hvor Neptun hersker, således at Mars er gæst hos Neptun, og hvis Neptun samtidig har næstflest points, så vil personen tilhøre Neptun/Fisk-typen. Hvis der f.eks. er to planeter på førstepladsen og begge planeter har styrke og værdighed ved enten at være i eget tegn eller i det tegn, hvor der er ophøjede, er det den planet, der i sit tegn har flest gæster, som tildeles førerpladsen. Der er flere lignende regler.

16. APPENDIKS II

Om AstroTvilling

AstroTvilling er et computerprogram, nærmere bestemt et neuralt netværk med mange muligheder i. De to vigtigste funktioner er:

Typecasting: Her identificeres det enkelte horoskop, som ligner dit horoskop mest, ud fra en større mængde horoskoper.

Kategorisering: Her vurderes ligheden mellem dit horoskop og en given kategori, f.eks. profession, livslængde, helbred eller seksualitet. I virkeligheden er der ingen grænser, når bare man kan finde et tilstrækkeligt stort antal horoskoper for den givne kategori.

Eksempel 1 med typecasting:

Hvis du er kvinde, hvem ligner du mest?

1. Charlotte Corday, der forsvarede den franske revolutions oprindelige idealer med sit liv.
2. Florence Nightingale, sygplejersken som reddede hundreder af soldaters liv.
3. Edith Piaf, den store sangerinde fra de usle kår.
4. Marilyn Monroe, verdenskendt skuespillerinde og sex-symbol.
5. Sonja Henie, skøjteløber og OL-guld-vinder.

Hvis du er mand, hvem ligner du mest?

1. Albert Einstein, som formulerede relativitetsteorien.
2. Arnold Schwarzenegger, skuespiller, politiker og bodybuilder.
3. Abraham Lincoln, standhaftig præsident for nordstaterne under den amerikanske borgerkrig.
4. Vincent van Gogh, kunstmaler med en tragisk skæbne.
5. Bono, forsangeren og musikeren fra U2.

AstroTvilling sammenligner dit horoskop med ca. 2.000 berømtheders horoskoper af samme køn som dit og giver det points efter lighed. 50

points er gennemsnittet, 250 er maksimum. En typecasting giver dig en liste med de 5 personer, som dit horoskop lignede allermest sammen med point-tallene.

Eksempel 2 med typecasting:

I kærlighed begår vi ofte den samme fejl igen og igen, fordi vi, når vi bliver forelskede, er tilbøjelige til at "tabe hovedet". AstroTvilling's typecasting funktion kan fortælle dig, om du har held i kærlighed. Dit horoskop sammenlignes med en række berømtheder, hvis privatliv er veldokumenterede. Ved at undersøge indehaverne af de horoskoper, som dit horoskop ligner mest, kan AstroTvilling vise tendenserne i dit kærlighedsliv.

Eksempel med kategorisering:

Vincent van Gogh, Dirk Passer og Dan Turel er eksempler på mennesker med et stort kunstnerisk talent men ringe forretningssans. Bjarne Reuter, Dan Brown og Jussi Adler Olsen er eksempler på talentfulde kunstnere med sans for økonomi. AstroTvilling kan måle dit forretningstalent. Hvis det viser sig, at du har tendens til økonomiske problemer, kan det være en god idé at søge professionel hjælp i form af f.eks. en revisor eller en coach. Hvis det derimod viser sig, at du er født med sans for at tiltrække penge, kan du videreudvikle denne evne.

17. APPENDIKS III

Styres verdenshistorien af englemagter?
I nordisk mytologi styres menneskenes skæbner af 3 norner, dvs. kvinder, som spinder livstrådene og væver dem sammen. Det er et smukt og poetisk billede, der antyder, at verden styres mere af åndelige magter end af jordiske politikere. I det følgende har jeg beskrevet nogle tilfælde, som antyder, at nornerne viser deres indflydelse på en underfundig måde.

Napoleon og Hitler
Her følger en liste af sammenfald for henholdsvis Napoleon Bonaparte's og Adolf Hitler's liv:

- Napoleon Bonaparte blev født i 1760. Adolf Hitler blev født i 1889. Der er 129 år mellem de to årstal.
- Napoleon kunne takke den franske revolution, som startede i 1789, for sin politiske karriere. Hitler kunne takke den tyske revolution, som startede i 1918, for sin politiske karriere. Der er 129 år mellem de to årstal.
- Napoleon lod sig krone til kejser i 1804. Hitler blev rigskansler i 1933. Der er 129 år mellem de to årstal.
- Napoleon erobrede Wien i Østrig i 1809. Hitler erobrede Østrig og dermed Wien i 1938. Der er 129 år mellem de to årstal.
- Napoleon invaderede Rusland i 1812. Hitler invaderede Rusland i 1941. Der er 129 år mellem de to årstal.
- Napoleon oplevede sit største nederlag ved Waterloo i 1815. Hitler oplevede sit største nederlag på D-dagen i 1944, da de allierede invaderede Europa. Der er 129 år mellem de to årstal.

Og der er meget mere - prøv selv at tjekke de vigtigste datoer i deres liv!

Nogle mennesker opfatter Napoleon som moderne tiders første antikrist og Hitler som den anden antikrist. (Begrebet antikrist stammer fra Johannes Åbenbaring og refererer til en bestemt type menneske, som repræsenterer det modsatte af Jesus. F.eks. opfattes kejser Nero, der var den første romerske kejser, der aktivt forfulgte de kristne, som en antikrist.) Teoretisk set skulle det give mulighed for at identificere den tredje antikrist, eftersom vedkommende må antages at have lignende sammenfald med de to første antikrister.

Abraham Lincoln og John F. Kennedy

Ligesom der findes kuriøse sammenfald mellem Napoleon og Hitler, er der også pudsige sammenfald mellem de to amerikanske præsidenter Abraham Lincoln og John F. Kennedy:

- Lincoln blev valgt ind i den amerikanske kongres i 1846. Kennedy blev valgt ind i den amerikanske kongres i 1946.
- Lincoln blev præsident i USA i 1860. Kennedy blev præsident i USA i 1960.
- Begge blev skudt på en fredag.
- Begge blev skudt i hovedet.
- Begge blev skudt med deres hustruer ved deres side.
- Lincolns sekretær hed Kennedy til efternavn. Kennedys sekretær hed Lincoln til efternavn.
- Begge blev efterfulgt på præsidentposten af en mand ved navn "Johnson". Lincoln blev efterfulgt af Andrew Johnson, Kennedy blev efterfulgt af Lyndon B. Johnson.
- Andrew Johnson var født i 1808. Lyndon B. Johnson var født i 1908.
- John Wilkes Booth, som myrdede Lincoln, blev født i 1839. Lee Harvey Oswald, som angiveligt skød Kennedy, blev født i 1939.
- Lincoln blev skudt i Ford's Kennedy-teater. Kennedy blev skudt i en Lincoln-bil produceret af Ford.
- John Wilkes Booth, som myrdede Lincoln, undslap fra teateret ind i et varehus. Lee Harvey Oswald, som angiveligt skød Kennedy, undslap fra et varehus ind i et teater.
- Begge præsident-mordere blev myrdet, før de kunne retsforfølges.

- En uge før Lincoln blev skudt, havde han været i Monroe, som ligger i staten Maryland. En uge før Kennedy blev skudt, havde han været inde i Marilyn Monroe.

Og der er meget mere - prøv selv at finde sammenfald - det kan blive en hel sport!

Kan man se ind i fremtiden?

Kan man se ind i fremtiden? Ja, ifølge nogle teorier fra relativitetsteori og kvantefysik, så kan der opstå såkaldte "ormehuller" i tiden, så man fra et punkt i tid kan se ind i et andet punkt i tid. Disse teorier er meget nørdede, så her er et konkret og lavpraktisk eksempel:

Forfatteren Edgar Allan Poe er en af gyser-genrens fædre. Han skrev mest noveller. Faktisk skrev han kun én roman, "The Narrative of Arthur Gordon Pym of Nantucket". Her er historien i kort gengivelse: Pym er blind passager på en hvalfangerbåd, hvor tingene går galt, og besætningen begår mytteri. Næsten alle på skibet dør, en storm bryder løs, og de overlevende springer ned i en redningsbåd. De fanger, dræber og spiser en havskildpadde, men det er langt fra nok mad. Så de trækker lod om, hvem der skal spises, og det korteste strå bliver trukket af en mytterist ved navn Richard Parker. Han bliver dræbt og spist - og kort efter blev resten af søfolkene reddet.

Denne roman udkom i 1838, og i 1884 (dvs. 46 år senere) forlod et skib ved navn Mignonette England med kurs mod Australien. Der var ikke noget mytteri om bord, men skibet blev ramt af en storm ud for Afrikas kys. Fire mand overlevede i en jolle uden mad og vand, men det lykkedes dem at fange, dræbe og spise en havskildpadde. Det var ikke nok, så for at undgå at dø af sult, besluttede de, at en af dem måtte dø, så resten kunne overleve. Valget faldt på skibsdrengen, mest fordi han allerede var syg af at drikke havvand, og så fordi han alligevel ikke havde nogen familie at vende tilbage til. Han døde, de andre spiste ham, og fire dage senere blev de øvrige tre reddet - stadig med menneskekød til overs.

Hvad hed så den sømand, der blev spist? Richard Parker!

18. APPENDIKS IV

Astrologi i praksis

Jeg er blevet spurgt, om astrologien kan konverteres til et sæt leveregler, der kan hjælpe individet med at opnå succés i alle situationer. Det fik mig til at tænke på noget, jeg havde læst af Carlos Castaneda, der har skrevet en serie bøger om sydamerikansk okkultisme – den første havde titlen "Don Juan's lære". Castaneda's bøger er kategoriseret som faglitteratur på biblioteket – men efter at have læst dem alle tror jeg mere, at de hører til i fiktionens verden indenfor fantasy-genren.

Levereglerne

Her følger i hvert fald læremesteren Don Juan's livsfilosofi. Alting er ifølge Don Juan en kamp, som man kan vinde eller tabe. Hvis man vil vinde, skal man følge disse regler:

1. "Kend din kampplads!" I filmen "Crocodile Dundee II" fra 1988 demonstrerer hovedpersonen Michael Dundee, hvordan man kan bruge sit lokalkendskab til sin fordel i kampen mod en bande amerikanske gangstere. (Husketeknik: Månen – mandag)
2. "Slip alt unødvendigt!" Tit er vi mere optaget af at rage til os og hobe penge og materielle ting op end bare at fokusere på det nødvendige i den givne situation, og det kan være så slemt, at det svarer til at skyde sig selv i foden. (Husketeknik: Mars – tirsdag)
3. "Sæt dit liv på et brædt med en beslutning!" I ethvert forløb er der et "point of no return", hvor man skal tage stilling til, om man vil gennemføre det her – eller give op. Hvis du kun kaster dig halvt ind i kampen, taber du. (Husketeknik: Merkur – onsdag)
4. "Gør noget andet, gerne noget unyttigt!" Hvis du fokuserer alt for meget på den beslutning, du har taget, og den kamp, du skal udkæmpe, risikerer du at knække, før kampen er startet. (Husketeknik: Jupiter – torsdag)

5. "Slap af, lad stå til!" Lige før katten springer på musen, slapper den af i alle muskler. Lær at meditere eller andre afslapningsteknikker. (Husketeknik: Venus – fredag)
6. "Pres tiden sammen, når du handler!" Sejren kan afhænge af et splitsekund – så det gælder om at være så velforberedt, at du handler i netop det rigtige øjeblik, og hverken før eller senere. Men denne regel kan også handle om at vente til det rette øjeblik for en handling. Det vigtige her handler om "tid" og "timing". (Husketeknik: Saturn – lørdag)
7. "Bring aldrig dig selv i forreste række!" Indenfor judo handler det f.eks. om at bruge modstanderens styrke imod ham selv. Hvis man kan gøre det, vil en David altid kunne vinde over en Goliath. (Husketeknik: Solen – søndag)

Gaverne

Hvis man overholder disse regler, vil man iflg. Don Juan automatisk modtage følgende 3 gaver:

- "Du vil aldrig mere kunne tage dig selv højtideligt." Dvs. du kan grine af dig selv en gang imellem. Tit ser man, at diktatorers og bøllers største svaghed er, at de ikke kan tåle at blive til grin – de taber besindelsen og mister overblikket, når det sker. (Husketeknik: Uranus)
- "Du vil kunne narre alle og enhver, når det er nødvendigt." Denne kvalifikation glemmes eller undertrykkes ofte i gode tider, men hvis du har prøvet at være en jøde på flugt fra en tysk koncentrationslejr, ved du, at denne evne er vigtig. I virkeligheden accepterer vi jo brug af bedrag som en nødvendig effekt i livet i en lang række situationer: Når soldater bruger camouflage-farver, når en kvinde sminker sig, når vi betaler for at se et teaterstykke eller en film, der jo dybest set er en illusion og et bedrag. (Husketeknik: Neptun)
- "Du vil have en uendelig mængde ressourcer til din rådighed." Denne gave handler ikke om at være uendeligt rig – men bare om at have, hvad du har brug for, når du har brug for det. Hvad

nytter det, hvis du befinder dig i en ørken og har masser af guld men ikke en dråbe vand?

I sagens natur er denne livsfilosofi meget magtfuld, og det er derfor vigtigt, at man ikke misbruger den. Don Juan fremkommer ikke med nogen moralske eller etiske betragtninger. I stedet siger han: "Alle veje er lige gode i livet. Men hvis du ønsker at opnå et godt liv, skal du altid vælge den vej, der har et hjerte." Dvs. det gælder om at leve, så andre også får gavn af de valg, du foretager.

Teorien omsat til praksis

Jeg har læst alle bøgerne af Carlos Castaneda plus alt, hvad jeg kunne finde om ham – men det er længe siden. Det følgende er en historie genfortalt efter erindringen fra disse bøger. Historien illustrerer, hvordan de oplistede regler – de såkaldte "snigjagtsregler" - fungerer i praksis. Det er muligt, at jeg ikke har fået alle detaljer med eller at jeg husker forkert på nogle punkter – men det er faktisk ligemeget i forhold til fortællingens pointe.

Som ung arbejdede Don Juan, en yaqui indianer fra Mexico's Sonora delstat, på en hacienda (dvs. en slags herregård). Formanden var en tyran og en bølle, der jævnligt bankede de ansatte. På et tidspunkt tabte formanden besindelsen og bankede Don Juan til en tilstand, hvor formanden må have troet, at Don Juan var død. Han efterlod ham i en grøft, hvor Don Juan's kommende læremester fandt ham. Læremesteren tog Don Juan med hjem, passede og plejede ham, idet han behandlede hans sår med urtemedicin, og da Don Juan var blevet rask igen, indgik han aftale med læremesteren om at blive lærling. Læremesteren var en "brujo", dvs. en troldmand.

Som det første i lærlingeuddannelsen forlangte læremesteren, at Don Juan vendte tilbage til haciendaen og fik arbejde under formanden igen. Selvfølgelig var Don Juan imod idéen, men læremesteren forklarede, at det er sjældent, at man løber ind i en "værdig modstander", som man kan øve sig på, så det gælder om at påskønne muligheden, når den er der. Sammen lagde de derpå en plan for, hvordan Don Juan skulle besejre formanden.

Det lykkedes Don Juan at blive (gen-)ansat på haciendaen, formanden huskede ham slet ikke, han troede bare, at Don Juan var endnu en indianerdreng. Don Juan fik vha. lidt manipulation arbejde i helstestalden. En af hestene var dødsensfarlig, den havde ved flere lejligheder sparket de mennesker ihjel, der skulle passe den. Don Juan gjorde sig så gode venner med hesten, som det nu var muligt, og han fik lavet et lille skjul i hjørnet af hestens bås af brædder.

Så gik det, som man kunne forvente: En dag tabte formanden igen besindelsen over en bagatel, til dels hjulpet på vej af Don Juan, som vidste præcis, hvad der skulle til for at gøre formanden rasende. Formanden jagtede Don Juan, der løb for sit liv og til sidst sprang ind i båsen til den farlige hest, hvor han gemte sig bag skjulet af brædder. Formanden fulgte uden tøven efter, og han blev sparket ihjel af hesten.

NB! Historien er som sagt fiktion, ingen kom til skade i forløbet. Men når en fortælling handler om liv og død, øges dramatikken, hvorved historiens pointe fremhæves.

Som det kan ses, udnyttede Don Juan sit kendskab til kamppladsen. Han slap alt unødvendigt. Han satte i bogstavelig forstand sit liv på et brædt med en beslutning, for hvis hans plan var slået fejl, risikerede han at miste sit liv. Han foretog sig alt muligt andet i en periode, til tiden var moden. Han slappede af, undlod at bekymre sig. Og i det rette øjeblik pressede han tiden sammen og handlede. Vigtigst af alt: Han bragte ikke sig selv i forreste række, idet det jo var hesten og ikke Don Juan, som slog formanden ihjel. På en måde vendte han formandens styrke mod ham selv. Da politiet kom, var der tale om en arbejdsulykke.

19. APPENDIKS V

Introduktion

Der citeres i nærværende bog flittigt fra Det Nye Testamente, især sådanne udtalelser, der er tillagt Jesus. Sådan må det nødvendigvis være, når forfatteren er opdraget i den lutherske version af kristendommen, hvor det jo gjaldt om at "vende tilbage til kilderne". Men når forfatteren samtidig lægger distance til samme lutherske version af kristendommen, kan man med rette spørge, hvor meget vægt forfatteren selv lægger på disse Jesus-citater. Svaret på dette spørgsmål er givet i dette Appendiks V, som er et resumé af den engelske bog "The Jesus Mysteries" (1999) af Timothy Freke og Peter Gandy.

"The Jesus Mysteries" hævder og argumenterer for, at Jesus aldrig har levet som historisk person, og at kristendommen ikke var noget nyt og originalt i sin samtid. De historiske kilde-tekster som f.eks. evangelierne indikerer, at historierne om Jesus var myter baseret på tidligere tiders mysteriekulter. Samtidig rummer disse kilde-tekster dog summen af oldtidens moral, visdom og filosofi – og kan derfor stadig langt hen ad vejen fungere som moralsk-etisk rettesnor for moderne mennesker.

Gudemanden

Han blev født den 25. december i overværelse af 3 hyrder og 3 vise mænd. Angiveligt var hans mor en jomfru og hans far Gud selv. Han var i stand til at udøve mirakler såsom at forvandle vand til vin. Lige før sin død blev han hyldet med stedsegrønne grene, mens han red ind i en by på et æsel. Han døde om foråret som et sonoffer for verdens synder. Efter sin død var han i dødsriget i 3 dage, hvorefter han steg op til himlen med et løfte om at komme igen ved tidernes afslutning for at dømme levende og døde. Han blev fejret ved et symbolsk måltid bestående af brød og vin. Hans tilhængere blev angiveligt genfødt gennem dåb.

Hvem var han? Beskrivelsen passer på både Mithras og Jesus, der har så mange fællesnævnere, at man fristes til at tro, at Mithras-kulten og kristendommen var en og samme religion! Det interessante er, at

Mithras-kulten kom først, dvs. hvis nogen har plagieret nogen, så er det de kristne, som har hentet inspiration fra Mithras-kulten, da de skabte kristendommen. Endnu mere forbløffende er det imidlertid, at Mithraskulten heller ikke var enestående – ethvert middelhavsland med undtagelse af Israel havde i omkring år 300 f.Kr. en såkaldt mysteriekult. Hovedpersonens navn varierede, men ritualerne og dogmerne var stort set det samme. I Egypten hed han Osiris, i Grækenland Dionysos, i Lilleasien Attis, i Syrien Adonis, i Italien Bacchus og i Persien Mithras. Og det er bare de mest kendte navne – i virkeligheden var der mange flere: Iacchos, Bassareus, Bromios, Euios, Sabazius, Zagreus, Yhyoneus, Lenaios, Eleuthereus - og det er bare de græske! Kernen i mysteriekulterne handlede altid om en gudemand, der dør og genopstår og lover evigt liv.

Oprindelse

Hvor kom mysteriekulterne fra? Og hvorfor ved vi så lidt om dem i dag? Svarene på disse to spørgsmål er, at mysteriekulterne kom fra oldtidens Egypten, og de forsvandt som følge af den katolske kristendoms succes. Da kristendommen først var blevet ophøjet til statsreligion ved kirkemødet i Nikæa i 325 e.Kr. var kirken hensynsløs i sin forfølgelse af anderledes tænkende, således at mysteriekulterne stort set var uddryddet i år 500 e.Kr. De hellige skrifter blev systematisk brændt, og helligdommene revet ned og erstattet med kirker. F.eks. ligger Vatikanet i dag på et sted, hvor der tidligere fandtes en helligdom for Mithras.

I perioden 747-670 f.Kr. havde Egypten været besat af Nubien. Til sidst gjorde egypterne oprør og smed nubierne ud. Situationen svarede til da spanierne smed maurerne ud – det medførte voldsomme forandringer, ikke bare for Spanien, men også for resten af verden, mest markant med Columbus' opdagelse af Amerika. Med befrielsen ændrede Egypten karakter fra at være et lukket land (ligesom f.eks. Tibet har været det i vor tid) til at være et åbent land.

En af de første grækere, som rejste ind i Egypten efter befrielsen, var Pythagoras, som vi i vor tid mest kender fra matematikken. I sin samtid blev Pythagoras opfattet mere som en indisk guru og mirakelmager end som en matematiker. F.eks. havde Pythagoras ligesom Jesus disciple, de såkaldte pythagoræere, der var vegetarer og levede i ejendomsfællesskaber. Pythagoras var kendt for at kunne vække de døde til live igen – ligesom Jesus angives at kunne. Pythagoras opholdt sig 22 år i Egypten, hvor han blev undervist i ikke bare matematik men også i Egyptens religiøse mysterier, hvis hovedperson var gudemanden Osiris, der var blevet dyrket i Egypten så langt tilbage som 2500 f.Kr.

Efter at være vendt tilbage til Grækenland ønskede Pythagoras at introducere Egyptens mysterier for et bredere publikum, men det måtte ske uden at træde på grækernes nationale følelser og stolthed. Hvis han var begyndt at missionere for Osiris, ville det svare til, hvis en muslim missionerer for Islam i dagens Danmark. Det ville blive opfattet som upassende hvis ikke ligefrem provokerende.

Pythagoras indså, at han måtte være diskret og snedig, så han fandt en lokal og ikke særligt kendt guddom, vinguden Dionysos, som han tilegnede de egyptiske mysterier, som han ønskede udbredt. Eftersom religion også den gang var et følsomt område, startede de nye tanker ca. år 640 f.Kr. som en undergrundsbevægelse, men så snart den havde slået rod, bredte den sig som en løbeild til alle de andre middelhavslande, indtil mysteriekulterne omkring 300 f.Kr. var den mest udbredte religion i området og blev den vigtigste inspiration for oldtidens største begavelser, f.eks. Empedokles, Platon, Sokrates, Heraklit, Diogenes, Cicero, osv.

Udformning og indhold

Hvad var årsagen til mysteriekulternes store succes? Evangelierne i Det Nye Testamente kan give os et fingerpeg. Mysteriekulterne gjorde op med de konventionelle religioners love og regler og indsatte i stedet medfølelse, nærvær og improvisation. Det handlede om at opnå en sjælelig erkendelse, som man kunne leve sit liv ud fra, ikke om at finde faste facit på alle livets spørgsmål. Der var tale om en kærlighedens religion, hvor følelser havde stor betydning. Guden beskrives ikke som streng og dømmende eller indifferent i forhold til menneskeheden, men mere som en kærlig og omsorgsfuld forælder. (En parallel udvikling fandt sted i hinduismen med fremkomsten af skriftet Bagahavad Ghita fra det 5. århundrede f.Kr.)

Et eksempel fra Det Nye Testamente kan give en fornemmelse for, hvad det handlede om. Jesu modstandere, de skriftkloge, konfronterer Jesus med en kvinde, der er grebet i hor. Efter Moseloven skal hun som straf stenes til døde, og forbløffende nok anfægter Jesus ikke denne dom – han siger blot: "Den af jer, der er uden synd, skal kaste den første sten på hende." (Johs. 8,7) Resultat: "Da de hørte det, gik de væk, én efter én, de ældste først..." (Johs. 8,9)

Love og regler erstattedes med en myte. Myten skulle ikke forstås som en bogstavelig sandhed, men den skule være en introduktion til en dybere filosofi. Filosofien var altid iklædt lignelser og allegorier, der skulle "forhindre Sophia (visdommens gudinde) i at fremstå nøgen og utildækket". Når man ikke bare forklarede denne dybe filosofi uden videre, var det for at "tvinge de dovne til at studere og forhindre tåbernes foragt".

På trods af de mange fælles træk, kunne der også være mange forskelle mellem de forskellige mysteriekulter. Nogen steder var man asketiske og moralsk afholdende, andre steder dyrkede man vilde orgier med beruselse og seksuel løssluppenhed som en del af kulten. Nogen steder var mysteriekulter forbudt og blev retsforfulgt som en trussel mod den eksisterende samfundsorden, andre steder nød de offentlig anerkendelse. Nogen steder var mysterietilhængerne vegetarer, andre steder blev mysterierne fejret med blodige dyreofringer. Men det gennemgående tema var altid det samme: Det handlede om den døende og genopstående gudemand, der gav håb om et liv efter døden.

Uanset hvordan myten blev udformet, var det meget vigtigt, at almindelige mennesker kunne identificere sig med gudemanden og (gudinden, som i den patriarkalske kristendom blev censureret mere eller mindre væk). Derfor understreges gudemandens jordiske liv ved, at han spiser og drikker som alle andre, før han til sidst lider en grusom død. Budskabet var klart: Ethvert menneske er en udødelig sjæl fanget i en fysisk krop. Hvis gudemanden kan besejre døden, så kan du også! Først når man i symbolsk forstand lader kroppen dø, genfødes man i ånden, hvorved man bliver i stand til at opleve den evige gud i sig.

Alle mysteriekulterne var opdelt i indre og ydre mysterier ud fra princippet "Mange er de kaldede, få er de udvalgte," således forstået, at enhver, der deltog i dåbsforberedelse kunne døbes, men kun få blev udvalgt til at få oplyst mysteriekultens egentlige mysterier. De mange fik fortalt historierne om gudemanden "råt og ufordøjet", mens det kun var de få udvalgte, der fik udlagt mysterierne og f.eks. i den tidlige kristendom fik at vide, at Jesus aldrig havde levet i virkeligheden, og at historierne om ham var allegorier, dvs. lignelser indeholdende matematiske formler og filosofiske sandheder.

Indvielse

I Grækenland blev man indviet til Dionysos ved en mysteriefest, der blev afholdt om efteråret i Eleusis. Denne fest blev fejret hvert eneste år i over 1100 år, fra 625 f.Kr. til 396 e.Kr. Da mysteriekulten var på sit højeste, deltog 30.000 i efterårsfesten for Dionysos. Der kom mennesker fra hele verden, så langt væk som fra Indien.

De mennesker, der skulle indvies, forberedte sig i lang tid i Athen med undervisning, påbudt stilhed og faste. Man kan godt drage sammenligning med muslimers ramadan eller kristnes forventninger op til jul. Derefter vandrede dåbskandidaterne i hvide klæder, på bare fødder og i festlig procession ud til helligdommen i Eleusis, der lå ca. 30 kilometer fra Athen. Med dem fulgte en skare af mennesker, der allerede var blevet indviet. Forrest red på et æsel en dukke, der forestillede guden Dionysos – han blev hilst med stedsegrønne grene og hyldestråb. En masse maskerede "banditter" hånede og slog dåbskandidaterne, alt sammen som en del af løjerne. Intet var overladt til tilfældighederne, ethvert element i festen lige fra æslet til de stedsegrønne grene rummede en dyb symbolske betydning.

Når optoget nåede frem til Eleusis, sprang dåbskandidaterne i havet og vaskede sig som en rituel renselse. Derefter blev de lukket ind i mysteriehallen, Telestorion, hvor der blev udspillet et sublimt drama, hvor dåbskandidaterne deltog som både publikum og skuespillere. Dramaet, hvis leder kaldtes "hierofanten", omhandlede gudemandens fødsel og liv efterfulgt af hans lidelse, død og genopstandelse. Til sidst blev de nu døbte deltagere lovet evigt liv. Intet blev sparet for at opnå, at deltagerne blev grebet følelsesmæssigt – musik og stærke lys var en del af showet! I virkeligheden var festlighederne i Eleusis europæisk kulturs første teaterstykker overhovedet.

En græker ved navn Sopatros skrev om sin indvielsesopelvelse: "Jeg kom ud af helligdommen og følte mig fremmed over for mig selv." Filosoffen Plotin fortæller, at det føltes, som at kommunikere direkte med Gud, at indvielsen var en transformation, hvor han opgav sig selv og fandt meningen med livet. Statsmanden Cicero skrev: "Mysterierne lærer os at leve lykkeligt og dø med større håb." Historikeren Zosimus skrev: "De hellige mysterier holder hele den menneskelige race sammen."

Naturligvis var indvielsen til en mysteriekult meget forskellig fra lokalitet til lokalitet. Dåben kunne f.eks. finde sted ved at der blev øst indviet vand på dåbskandidatens hoved, eller den kunne ske ved at hele personens legeme blev sænket under vand, f.eks. i en flod som vi kender det fra Johannes Døber i Det Nye Testamente. I Mithras-religionen skete dåben ved, at personen stod under en rist, hvorover en tyr blev slagtet – således at dåbskandidaten i bogstavelig forstand blev badet (eller renset) i blod. De fattige havde sjældent råd til en tyr, så de kunne nøjes med et lam – fra det Nye Testamente kendes udtrykket "at blive renset i lammets blod". F.eks. sagde Johannes Døberen om Jesus: "Se, dér er Guds lam, som bærer verdens synd," og i Johannes' Åbenbaring kan man læse, at de, der er klædt i hvide klæder "er dem, som kommer fra den store trængsel, og som har vasket deres klæder og gjort dem hvide i Lammets blod." (Åb. 7,14) Det Nye Testamente er fuld af denne type sprogbrug, som kan føres direkte tilbage til mysteriekulterne.

Israel

Mysteriekulterne var i modsætning til de etablerede religioner som f.eks. jødedommen meget missionerende. Man følte, at man havde et glædeligt budskab at forkynde: Selv om legemet dør, så overlever ånden! Alle skal leve evigt, ingen behøver at frygte døden. Men ét land modsatte sig ethvert forsøg på indførelsen af en mysteriekult: Israel. Det specielle ved Israel og jødedommen var, at nationen kun havde én Gud, Jehova – og derfor var det besværligt at "smugle" mysterierne ind under foregivende af, at de hele tiden havde været der, sådan som det var sket alle andre steder. Men så var der jo Messias-skikkelsen, som jøderne ventede med længsel, især når deres land var besat af fremmede – ham måtte man da kunne bruge! Som sagt så gjort.

Hvor det foregående er baseret på solide historiske vidnesbyrd, er det følgende en hypotese. En gruppe internationalt orienterede jøder i Alexandria, de såkaldte terapeuter, antages at have skrevet det tidligste evangelium, Markus-evangeliet, som de introducerede i forbindelse med jødernes opstand mod romerne – den opstand, der førte til ødelæggelsen af templet i Jerusalem i år 70 e.Kr. På det tidspunkt må disse assimilerede jøder have set med bekymring på udviklingen af, hvad man i vor tid ville have kaldt terrorisme i Israel. Samtidig var Messiaslængslen på sit højeste, så det var en gunstig lejlighed til at introducere en mysteriekult med Messias som hovedperson. Det var ikke svært at skrive evangeliet, således at det levede op til de mest populære profetier om Messias.

Hypotesen om, at Jesus aldrig har levet, understøttes af, at der reelt ikke findes nogen historiske vidnesbyrd, der underbygger hans jordiske eksistens. Evangelierne er indbyrdes dybt inkonsistente i deres beskrivelse af Jesu liv. Det ældste evangelium, Markus-evangeliet, der oprindeligt blev skrevet på græsk, afslører afgrundsdyb uvidenhed om geografien i datidens Palæstina. Paulus' breve, der er ældre end evangelierne, beskæftiger sig overhovedet ikke med den historiske Jesus – men derimod med Jesus som en mytologisk skikkelse. Og alt peger på, at det skrift, der kendes under betegnelsen Apostlenes Gerninger ikke er andet end en samling legender, nedskrevet længe efter dets påståede begivenheder skulle have fundet sted.

Man fortalte kort sagt, at Messias allerede havde været der – men han var bare ikke blevet anerkendt af sin samtid. I stedet var han blevet henrettet af den romerske besættelsesmagt. Hans rige var ikke af denne verden, det handlede ikke om at gøre voldeligt oprør, men om at finde sig i ydmygelser og vende den anden kind til, når man blev slået i ansigtet. Det ville man altid vinde ved i det lange løb, især når man betænker kernebudskabet: At sjælen er udødelig. Men der var ikke mange jøder, der tog imod dette glade budskab.

Til gengæld skete der i de følgende årtier noget helt uventet: Hvor man i alle andre middelhavslandene havde vænnet sig til tanken om mysteriekulterne som baseret på ren mytologi – ingen troede for alvor på, at Dionysos eller Osiris eller Mithras virkelig havde levet på jorden – fandt mange den tanke besnærende, at gudemanden havde eksisteret i historisk tid og på et bestemt sted. Efter Jerusalems ødelæggelse og udslettelsen af jødernes nation, var der alligevel ingen, der kunne verificere, om begivenhederne virkelig havde fundet sted som beskrevet i evangelierne. Dertil kom, at analfabetismen var udbredt i romerriget. Resultatet var, at kristendommen, som var designet til at være jødernes nationale mysteriekult, i stedet blev til en universel religion, som til sidst udkonkurrerede alle de andre mysteriekulter.

Overgangen
Naturligvis var der tale om en overgangsperiode, hvor i det mindste samfundets uddannede elite kendte sandheden, indtil historiens største bedrageri blev gennemført og ingen længere kunne huske, hvordan tingene hang sammen. Der er masser af historiske vidnesbyrd om, at samtiden godt vidste, hvad der foregik. Den romerske historiker Celsus skrev f.eks. i 178 e.Kr. et heftigt angreb på kristendommen, hvor han dokumenterede, at kristendommen ikke var andet end et dårligt plagiat af mysteriereligionerne. Senere tilstod kirkens ledere indirekte bedrageriet, idet kirkefædrene Irenæus, Justin Martyr og Tertullian alle sammen

forklarede plagiatet med, at Djævelen godt vidste, at Jesus ville komme og derfor på forhånd plagierede kristendommen i mysteriekulterne!

Mange kristne teologer har siden forsøgt sig med lignende forklaringer. En populær hypotese går ud på, at Jesus har levet, men hans "historiske biografi" er blevet overlejret med motiver fra hedensk mytologi. F.eks. kunne Dionysos forvandle vand til vin, og Osiris var kendt for at kunne gå på vandet. Jomfrufødslen er et andet motiv, som ifølge denne teori er blevet overtaget fra hedningene. Problemet med denne teori er imidlertid, at *alt* i Jesus-historierne har fortilfælde i oldtidens mysteriekulter – der bliver simpelthen intet tilbage, som kan danne udgangspunkt for en egentlig Jesus-biografi!

Gnostikerne

Oldtiden var et slavesamfund. Der blev kontinuerligt udkæmpet krige, og oprør blev slået ned med hård hånd af romerne. Ved sådanne slag blev de overlevende typisk gjort til slaver og ofte fragtet til Rom eller andre steder af imperiet. Det er derfor let at forestille sig, at mange af dem, der var blevet døbt til at være kristne og dermed indviet i de ydre mysterier (men ikke de indre!), mistede kontakten med moderkirken og stiftede nye kirker langt fra deres oprindelsesland. Således fandtes der ca. 150 e.Kr. 2 centre for kristendommen: Et i Rom og et i Alexandria. Centeret i Rom blev til det, vi senere kender som den katolske kirke, mens de kristne i Alexandria i eftertiden er blevet kendt som gnostikerne. De to centre skændtes bravt indbyrdes, indtil katolicismen gik af med sejren.

Indtil 1945 kendte vi kun gnostikerne fra katolikkernes ikke særligt troværdige beskrivelse af dem. I 1945 opdagede man imidlertid et gnostisk bibliotek af håndskrevne skriftruller, og oversættelsen af disse skrifter har siden dannet grundlag for vores viden om gnosticismen.

Ordet "gnostiker" kommer af "gnosis", som betyder "erkendelse" og var en henvisning til den indvielse, man modtog, når man som "udvalgt" blev indviet til de indre mysterier, der bl.a. omfattede troen på reinkarnation og viden om astrologi. For at komme i betragtning til at blive udvalgt, skulle man dokumentere færdigheder på to så væsentlige områder som musik og matematik – pythagoræernes kerneområder. En del af de kandidater, der "dumpede" på disse områder, blev senere indædte modstandere af gnosticismen – men der er også eksempler på mennesker, der startede med at være indædte modstandere af gnosticismen, men som senere blev gnostikere.

Konflikten mellem gnostikere og katolikker gik i al sin korthed ud på, at katolikkerne hævdede, at Jesus havde levet på jorden, mens gnostikerne anfægtede denne påstand. Gnostikerne var mystikere og uafhængige fritænkere, der dyrkede kreativitet og selvstændighed, mens de autoritære og intolerante katolikker forlangte underkastelse fra de troende. Som ægte bogstavtro fundamentalister forbød de deres tilhængere at sætte spørgsmålstegn ved dogmerne og de hellige skrifter. Hvis man anfægtede en biskops påstande, blev man automatisk stemplet som kætter. Efter udryddelsen af gnosticismen genopstod konflikten mellem tro og viden ikke før i renæssancen og oplysningstiden.

I stedet for blind tro på en biskop, tilbød gnostikerne, at man selv kunne opleve at møde Kristus – nu og her! Det handlede om at forenes med sin Daemon, hvilket afhængigt af trosretning kan oversættes til personens højere selv eller skytsånd. Ifølge gnosticismen har alle mennesker en usynlig skytsånd, som man møder ved sin død. Dette motiv kendes i moderne tid fra de såkaldte "nærdødsoplevelser", hvor den døende møder en person, der udstråler ren kærlighed og består af lys. Denne oplevelse hævdede gnostikerne at kunne formidle helt uden, at man behøvede at dø – som en forberedelse på døden! Men alt har en pris. Når først man havde mødt sin skytsånd og opnået sandheds erkendelse, mistede man sin dødsfrygt og risikerede derved at blive en tragisk helt her på jorden – sådan som f.eks. Mozart eller Vincent van Gogh. Så stærk var oplevelsen, at mødet med skytsånden ville vække én for de sande værdier, som er etiske og åndelige, og man ville få lyst til at opgive de jordiske fornøjelser til fordel for de åndelige.

Gnosticismen mindede mere om græsk hedenskab end om moderne kristendom. Alligevel opfattede gnostikerne sig selv som "de sande kristne" – de var trods alt arvtagerne til dem, der havde forfattet de oprindelige evangelier, som de vidste, var opdigtede myter. Derfor havde de heller ingen skrupler med at blive ved med at skrive nye evangelier – sådan lidt i stil med moderne triviallitteratur: "Den sorte hingst vender tilbage" og "Den sorte hingsts søn" som efterfølgere til "Den sorte hingst" af Walter Farley fra 1940'erne. Denne tendens til at blive ved med at producere nye evangelier irriterede naturligvis biskopperne i Rom grænseløst.

Gnostikerne opfattede de bogstavtro fundamentalister i Rom som en falsk kopikirke og hævdede, at de selv kendte kristendommens inderste mysterier, der gik ud på at opnå erkendelse om menneskets egen guddommelige oprindelse. De ærede gudinden Sophia / Ceres, som i kristendommen havde fået navnet Maria Magdalene, de fordybede sig gerne i de græske filosoffers skrifter, især Platon, de gik ind for lighed mellem mænd og kvinder, de mente viden og erfaring stod over blind tro, og for dem var den historiske Jesus totalt uinteressant, eftersom de vidste, at han ikke havde levet.

Hvis vi skal tage konsekvensen af gnostikernes påstande alvorligt, er den moderne kristendom ikke andet end en tom skal, nemlig de oprindelige mysteriekulters ydre mysterier uden kernen, som består af de indre mysterier. Den kristne kirke opstod som en stor misforståelse efterfulgt at et systematisk bedrageri, hvor biskopperne i Rom brugte alle midler, herunder manipulation, forfalskninger og tilføjelser af skrifter til det, der til sidst blev ophøjet til Det Nye Testamente. Således kan de ældste af Paulus' breve kun forstås, hvis man ser dem i en gnostisk kontekst, f.eks. Romerbrevet eller brevene til Korinterne og Galaterne, mens de såkaldte hyrdebreve, dvs. brevene til Titus og Timoteus tydeligt bærer præg af at være skrevet længe efter Paulus' død.

Romerrigets storhed og fald
Uenighederne mellem gnostikere og katolikker fik først historisk og politisk betydning, da den katolske kirke opnåede politisk magt. Kejser Konstantin den Store (280-337 e.Kr.) ønskede "een Gud, én religion" for at opnå "ét kejserdømme, én kejser". Til det formål kunne han bru-

ge kristendommen, netop fordi den i modsætning til de andre mysteriekulter ikke rummede indre mysterier og dermed heller ikke en skjult opfordring til selvstændighed. Derfor nedsatte han i 325 e.Kr. et kirkemøde, der skulle fastlægge kristendommens indhold. Selv de katolske kristne var nemlig uenige om den sande tros indhold på det tidspunkt. Et af resultaterne af kirkemødet er den nikæiske trosbekendelse, som stadig den dag i dag bruges i den danske folkekirke.

Kejser Konstantin var en snedig og hensynsløs politiker, der brugte både pisk og gulerod for at få sin vilje. I forhold til kristendommen forholdt han sig afventende og ventede med at blive døbt, til han lå på sit dødsleje. Det var nemlig en hævdvunden tradition inden for mysteriekulterne, at var man først blevet døbt, måtte man ikke begå ugerninger. Kort efter kirkemødet lod kejseren sin hustru kvæle og sin søn myrde. Hvis han havde begået disse ugerninger umiddelbart efter en dåb, ville han være løbet ind i en stærk folkelig modvind.

Efter kirkemødet drog biskop Eusebius hjem til Rom og skrev kirkens historie, som vi kender den, angiveligt under Helligåndens ledelse. Eusebius' værker er i højere grad udtryk for propaganda end sand historieskrivning, men da han samtidig brændte alle skrifter, der modsagde hans udlægning, er hans version kommet til at stå uimodsagt frem til vor tid. Det Eusebius gjorde, minder i høj grad om det, Josef Stalin gjorde, da han forherligede sig selv som socialismens forsvarer samtidig med, at han dræbte millioner af russere og i det hele taget forfalskede Ruslands historie.

I de følgende årtier gennemførte den katolske kirke en systematisk udrensning af anderledes tænkende. Helligdommen i Eleusis blev ødelagt, og de hedenske biblioteker indeholdende tusindvis af skrifter af litterær og videnskabelig værdi blev brændt. Her skal man tænke på, at de såkaldte hedninge inspirerede Giza-pyramidernes uovertrufne storhed, Parthenons udsøgte arkitektur, Phideas' legendariske skulpturer, Euripides' og Sofokles' kraftfulde skuespil og Sokrates' og Platons sublime filosofi. Hedningene havde overvejelser over, om ikke mennesket kunne nedstamme fra dyrene, de vidste, at jorden var en klode, som drejede om solen, og de havde beregnet jordens omkreds. Det antikke Grækenland affødte begreber som demokrati, rationel filosofi, offentlige biblioteker, teatre og de olympiske lege – kort sagt alle sådanne tanker, der danner rettesnor for vores moderne verden.

Da kristendommen sejrede, faldt romerriget sammen som følge af noget, der i moderne forstand mest af alt minder om kulturrevolutionen i Kina i midten af 1960'erne. Analfabetiske munke i sorte kutter hærgede og ødelagde med kirkens velsignelse og sendte Europa direkte ind i den mørke middelalder. Mysteriereligionerne havde skabt en social samhørighed på tværs af kulturer og sociale skel – og denne samhørighed gik nu tabt.

www.ingramcontent.com/pod-product-compliance
Lightning Source LLC
Chambersburg PA
CBHW070929160426
43193CB00011B/1625